Workouts for Report Writing

レポートの筋トレ

中川祐香　藤浦五月

国書刊行会

Workouts for Report Writing

はじめに

　レポートを書くためには、レポートを書くための筋肉（レポート筋）が必要です。それは、具体的には「考える筋肉（思考力）」・「組み立てる筋肉（構成力）」・「伝える筋肉（表現力）」です。私たちの体の筋肉と同じで、急にムキムキにはなりません。どの力も段階的に鍛える必要があります。

　本テキストでは、準備運動として、「考える筋肉」を鍛えるところからスタートします。そして、コアトレーニングで「組み立てる筋肉」を鍛えます。こうしたトレーニングと並行して、型やルールである「伝える筋肉」を鍛えます。

　冒頭の「考える筋肉」のトレーニングで、十分に考えると「自分の考えをわかりやすく伝えたい！」という気持ちが生まれます。この「わかりやすく伝える」を実現するために、「組み立てる筋肉」・「伝える筋肉」をトレーニングします。

「レポート筋」をつけるための本書の5つの特徴

1. 考えることに最も力を入れるため「考える」からスタートする
2. テキストを読むことが苦手でも感覚的にわかるように、視覚でレポートの構造や表現を捉える
3. クラスメートと考えながら、考え・資料・書き方を「行ったり来たり」することを狙いとする
4. このクラスで書くことが最終目標ではなく、クラス外授業や社会において、情報を集め、多様な意見を聞き、考える力を養うことを最終目標にする
5. プロセスを丁寧に追うことで「考えて書けた！」を実現する

　この5つの仕掛けで、少しでも多くの「書けた！」を実現できるとうれしく思います。

2024年8月
中川祐香・藤浦五月

レポートの筋トレ

トレーニングメニュー 目次

トレーニングする学生の方へ ———————————————— 6
トレーニングのコツを教える方へ ———————————————— 7

トレーニングルーム1 レポート作成編 ———————— 9

考えるテーマ 住むなら、地方？ それとも都会？

準備運動 **1** データを見て話し合おう ———————————— 11

準備運動 **2** データブック： 資料を読んで考えよう ———————— 15

準備運動 **3** データを整理し、自分の考えをまとめよう ————— 33

コアトレーニング **1** 「本論」の書き方を鍛えよう！ ———————— 41

コアトレーニング **2** 「結論」の書き方を鍛えよう！ ———————— 58

コアトレーニング **3** 「序論」の書き方を鍛えよう！ ———————— 61

トレーニングルーム2　ライティング・スキル編 ——— 77

1　体づくり　レポート・論文での言葉遣い ——— 79
文末／文体表現 79　文や単語をつなげる表現 81
量・時間・程度に関する表現 83　縮約表現 87　指示詞・形容詞 87
連用中止 89　さまざまなルール 91

2　さらに強化!!　よいレポートにするために ——— 96
論証の書き方 96　名詞化 104

3　栄養ドリンク①　資料検索の方法 ——— 106

4　栄養ドリンク②　参考文献リストの書き方 ——— 111

選べるテーマ集 ——— 117
あなたの国に原発は必要？　118　自家用車は必要？　125
外国人労働者政策をさらに進めるべき？　133

付録 ——— 141
論証シート 142　結論シート 144　序論シート 145
評価表 例① 146　評価表 例② 148

トレーニングする学生の方へ

「レポートって難しそうだし、めんどくさそう……。」
「どこからどんなふうに書けばよいのかわからない……。」

この本は、そんな気持ちを持つ人のための本です。
レポートは文章力がなければ書けない、そう思っていませんか？
大丈夫です。この本はどこにどんなことを書けばよいのか、すぐにわかるようになっています。表現の見本もたくさんあります。

そして実は、文章力以上に大切なのは、

- 情報を調べて、さまざまなことを知る
- 自分なりに考えてみる
- 人の意見を聞く

これを繰り返しながら、言いたいことをまとめていくことです。

情報を調べる、考える、人と意見交換をしながら、自分の考えも深めていく……これができれば、学校だけでなく、社会に出たあとも「考える」ことができます。
この本は、皆さんのこれからの長い人生のために、「考えるトレーニング」に力を入れたレポートの本です。

そして、レポートは、なんといっても「人に読んでもらうためのもの」です。完全に自己流で相手が理解しているかどうかを考えずに書いてしまっては読み手に伝わりません。自分の考えは相手に届けましょう。

でも、考えることを一人でトレーニングするのはちょっと難しいですね。さらに、読み手の理解度を確認しながら練習をするのは、クラスメートがいなければできません。

このテキストでは、筋トレのように楽しみながらみんなでトレーニングしていきます。

「考えることって楽しいのかもしれない！」
「人に伝えるには、こんなふうに書けばいいんだ！」

このテキストで、そう思ってもらえるとうれしいです。

心配しなくても大丈夫、考える過程に間違いなんてありません。
まずは感想から、恐れずお互いに口に出していきましょう。さまざまな考えを受け止めましょう。

トレーニングのコツを教える方へ

　この本は「考えることの支援」に重点を置いています。
　いくら文章の形式を教えても、「考えて意見を整理する過程」が欠けていては、レポートは書けません。考えることはプロセスを追い丁寧に、そして、レポート執筆に必要な構成や見本文はできるだけ視覚的にわかりやすくしました。
　クラスで順を追って進めていけば、「資料を使い、自分の考えをまとめて、読み手にとって読みやすい構成のレポートを書く」という目標が達成できるようになっています。
　考えることのトレーニングは、一人では難しく、クラスサイズによっては個別指導もなかなか難しいのが現状です。この本は、多様な考えのクラスメートがいるからこそ効果的に学べるようになっています。そして、クラスメートがいることで「読み手にとってのわかりやすさ」についてもトレーニングできる構成になっています。そこで、1つお願いがあります。
　それは、以下の雰囲気や考えが許容されるようなクラス作りです。

- 考える過程に間違いはない
- 途中で意見を変えても、考えが行ったり来たりしても大丈夫
- 他者の意見から「そうかもしれない」「そうか、そんなふうに捉える人もいるのか」「どうしたら伝わるんだろう」と感じることは、学びの過程であると思える

　資料の読み方などについても、先生が答えを与えるのではなく、みんなで楽しみながら考えることを優先していただき、「ちょっと難しいな」「こうかな？」「こういう見方もあるかもしれない」を受け止めながら、「考えながら書けた！」の喜びのために、支援をしていただけるとうれしく思います。
　この本は10年以上、様々な学科の日本人学生・留学生に使用してきました。ここではこの本の誕生に付き合ってくれた学生の声を少し紹介いたします。

「最初はレポート作成に抵抗があったけど、パーツごとに完成させて最後は組み立てるというイメージで完成できたので、とてもやりやすかった」

「普段のレポートや論文を書く際に役にたつ知識がつまっている。レポートの構成がわかり、書くのがだんだん楽になった」

「グループワークでは他のメンバーのアイデアに斬新なものがあり、刺激になった。あと、ダメ子がかわいくて癒される」

　この本が、まだ見ぬ様々な学生さんと出会えるのを楽しみにしています。

「教師用資料」（教師用指導書（各ユニットの進め方）・シラバス例・ワークシート・評価表など）は下記のフォームから申請してください。
https://pro.form-mailer.jp/fms/33e261ac317717
問題の解答は教師用資料にあります。出版社のホームページからダウンロードもできます。

主な登場猫物

ダメ子

考えることが苦手なめんどうくさがりのネコ。好物は、かつお味のネコ用クッキー。
自分の意見を深めたり、客観的に考えたりするのはなかなか難しいから、ついつい「別にこれでいいよ」「理由？　なんとなくだよ」となりがち。小さなダメ子はすべての人の心のなかに住んでいる。

ネコ先生

ダメ子を否定せずに、やさしく教えてくれる先生。好物は、猫用かつお節。皆さんももし教える側になったら、ネコ先生のようにおおらかにやさしくお願いします。

ヨシ子

ダメ子のクラスメート。「こんなことが書きたい」と思ったら、積極的に挑戦するネコ。好物は、鳥ささみ。重要な確認項目はヨシ子におまかせ。

training room 1

レポート作成 編

トレーニングルーム1では、レポート作成の方法について学びます。

レポートは、考える・組み立てる・書くという3つのステップが必要です。

クラスメートと話し合いながら3つのステップのトレーニングをしましょう！

準備運動1　データを見て話し合おう

準備運動2　データブック：資料を読んで考えよう

準備運動3　データを整理し、自分の考えをまとめよう

コアトレーニング1　「本論」の書き方を鍛えよう！

コアトレーニング2　「結論」の書き方を鍛えよう！

コアトレーニング3　「序論」の書き方を鍛えよう！

レポートとは

　レポートとは、自分の考えを相手にわかりやすく伝えるためのものです。相手は自分とは違う人間なので、自分が考えていることやその理由は簡単には伝わりません。なぜそう思うのか、感覚に頼るのではなく、理由を示しながらわかりやすく説明する必要があります。データや資料を使うと、「なぜ」についての説得力がさらに増しますね。

　多様な考えを持つ人々と、意見を交換していくことで、さらにそのトピックについての理解が深まります。

レポート作成の流れ

Step 1 テーマについて考える ▶ テーマに対して、A／Bの立場の意見を考える。

Step 2 資料を読んで考える ▶ A／Bの立場の資料を読んで考えを深める。

Step 3 立場と資料を決定する ▶ データを整理し、自分の立場とその根拠を決定する。

Step 4 本論作成 ▶ 根拠や資料、考察をもとに本論(論証)を作成する。

Step 5 結論作成 ▶ 結論(おわりに・結言)を作成する。

Step 6 序論作成 ▶ 序論(はじめに・緒言)を作成する。

提出準備 1 参考文献リストの作成 ▶ 参考にした資料をリストにまとめる。

提出準備 2 提出書式に整える ▶ レポートを指定の提出書式に整える。

完成・提出

次のページから、「住むなら、地方？　それとも都会？」というテーマでトレーニングしましょう。

テーマ　住むなら、地方？　それとも都会？

準備運動 1　データを見て話し合おう

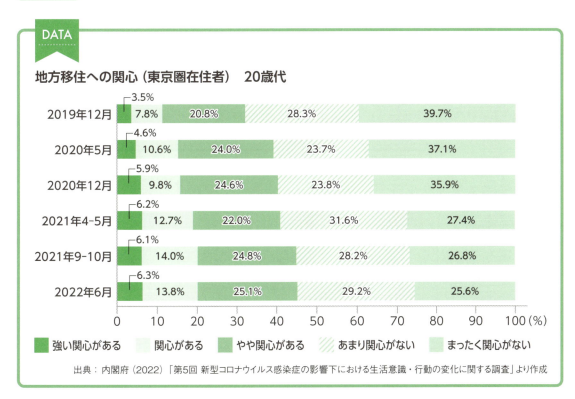

出典：内閣府（2022）「第5回 新型コロナウイルス感染症の影響下における生活意識・行動の変化に関する調査」より作成

? なぜこのような変化が生じたと思いますか。このような変化が生じた理由について考えたことを自由に書いてみましょう。

? 自分の出身地について感じていることを自由に書いてみましょう。

? 幸せに生活するためには何が必要だと思いますか。

感想から一歩進んで考えよう

ワーク1 地方暮らし・都会暮らしのメリット・デメリットを思いつく限り書きましょう。
「幸せに生活するために 必要なもの」との関連も考えるとよいですね。
例：「交通が便利」（都会・メリット）

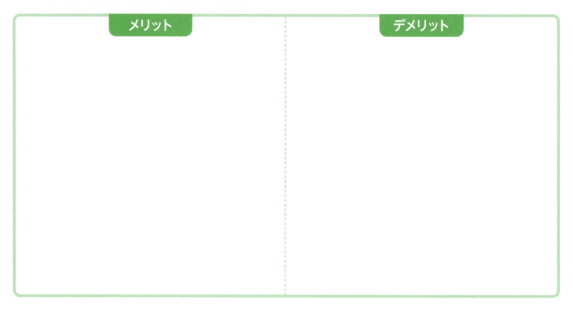

ワーク2 A・Bどちらの立場（主張）も考えて、その立場を取る理由をたくさん考えましょう

A：地方に住んだほうがよい　　B：都会に住んだほうがよい

ワーク3 両方の立場についてクラスメート・教室全体でシェアしましょう。自分で考えたときに思い付かなかったものは、下にメモしておきましょう。

ワーク4 社会人になって東京本社と地方の支社（例：北海道の函館など）いずれかを選べるようになりました。あなたはどちらに住みたいですか。それはなぜですか。

東京 ・ 地方　理由 [　　　　　　　　　　　　　　　　　　　]

ワーク5 どちらの主張（立場）を選びますか。p.12のAかBに〇をつけましょう。

先生、絶対に今住んでいるところがいいんです。だから、両方の立場なんて考えなくていいと思います。めんどうです。

自分の主張にどのような欠点があるかは、片方の立場からのみ考えているとなかなか気が付きにくいものです。「自分と反対の立場」や「自分と少し違う意見」には、自分が気が付かないことを気づかせてくれる力があります。いきなりパッとどちらかを選ぶのではなく、両方の立場からの理由をたくさん考えることが大切です。
人の意見やデータ・資料から色々な可能性を考えた上で、慎重にじっくり意見を決めましょう！

課題1 データブックを読み、p.25からの「資料整理シート」に整理しましょう。

データブックを読む前に……

次のページからのデータブックは、考えるためのヒントです。
データのどこに注目するかは、論じたいポイントによっても変わります。
「地方」「都会」のイメージも人によって違います。
データを見る前にp.66〜の「定義について」で定義の大切さを学んでから資料を読み込むのもおすすめです。

資料を見る角度を変えることによって、立場が変わることもあります。資料によってはどちらの立場にも使えるものもあるかもしれません。

まずは、資料のどこから、どのようなことを読み取るか、自分で読んだ後にクラスで理解・解釈について話し合い、読み方を深めましょう。

大切なのは自分で資料を読み、考えてみることです。単に先生や友達が言うことを「正解」として受け止めるのではなく、自分で考えたうえで、他の人の意見や考え方を聞いてください。そうすれば、新しい視点で資料を読む力が身につきます。

次に、このデータブックは「考えるためのヒント」ですので、古い資料もあります。ここに載っている資料が常識ではなく非常識になっているかもしれませんし、その逆になっているかもしれません。最新の資料を探してみたり、関連資料を自分で探してみたりしたくなる人もいるでしょう。データブックの資料に「こんな資料を追加すれば、さらに説得力が高まりそう」と考える人もいるでしょう。
その際は、p.106の資料検索の方法を参考にして、ぜひ挑戦してみてください。

資料活用のためのガイド

- 地方と都会についての資料、そもそも「地方」って？ ➡ **定義について (p.66)**
- もっと新しい資料や他の資料を探したい ➡ **資料検索の方法 (p.106)**
- 複数の資料を組み合わせて説得力を増したい ➡ **複数の資料を使うとき (p.51)**
- 反対の立場の意見に関する資料も検討して書きたい ➡ **反対の意見を意識して書いてみよう！ (p.53)**
- 他の人や組織が作成した資料・データを使うときのマナーは？ ➡ **参考文献リストの書き方 (p.111)**

準備運動 2 データブック：資料を読んで考えよう

次の資料1～9を読み、「どちらの立場」の資料か、考えましょう。

資料1

立場（　　　　　　　　　　　　　　　　　　　　　　）

「移住で転職」もう古い？
経験者の半数、会社変わらず、パーソル総合研究所調べ

　地方移住経験者の約半数が転職していなかったことがパーソル総合研究所の調べで分かった。企業側が社員の希望をくみ取って移住先にある拠点への配置転換を行ったり、リモート業務を推進したりしていることなどの影響が大きい。新型コロナウイルス下で遠隔勤務制度を導入する企業も増えており、転職せずに移住できる流れがさらに広がりそうだ。

　パーソル総研が3月に「就業者の地方移住に関する報告書」をまとめた。社会人となって都道府県をまたぐ移住を経験した20～60代の就業者（パート・アルバイトを除く、7866人）にインターネット調査したところ、移住時に転職はしていないと回答した人が全体の53.4％に上った。

　地方などへの移住における課題は現地に適した職がないことだった。企業が人材流出を防ぐために多様な働き方の選択肢を提供するようになったことで、仕事面での不安は解消されつつある。移住した際の年収の増減については、全体の58.6％が変化なしと回答。減収だったのは23.4％、増収は18％だった。

　地方移住をタイプ分けしたところ、故郷とは別の地域に移住する「Iターン型」が38.6％と一番多かった。故郷の市町村に移住する「Uターン型」が20.2％、主たる生活拠点を持ちつつ他の地域にも拠点を設けて行き来する「2拠点移住」や好きな場所で仕事をするノマドワーカーなど「多拠点居住型」が17.3％で続いた。妻などの故郷に移住する「配偶者地縁型」と故郷の近くの地方都市に移住する「Jターン型」はそれぞれ13.5％、10.3％だった。

　移住による幸福度を指数化したところ、最も高かったのはUターン型で、配偶者地縁型、Iターン型が続いた。

　調査では地方移住の意向がある就労者（同、2998人）にもアンケートを実施した。5年以内に移住することを計画している人の54.6％の所属企業が在宅勤務が可能だという。また12.6％が職場からの遠隔地居住を認めている。「テレワークが可能な人ほど移住を具体的に検討している」（パーソル総研）という。

　パーソル総研の井上亮太郎主任研究員は「『愛着を抱く地域に暮らし、働くこと』を自ら選んで決めることで、働く一人ひとりの人生が豊かになり、パフォーマンス向上も期待できる」と話す。

　コロナ下で出社を伴わない働き方を模索する企業が増えている。働き方の多様化にあわせて、社員の移住支援に力を入れることも企業の成長戦略として重要となりそうだ。

出典：「日経MJ（流通新聞）」2022年4月15日

資料2

立場 (　　　　　　　　　　　　　　　　)

【文化施設】図書館・博物館の数（令和3年度）

区分	図書館 全館数	博物館 全館数	区分	図書館 全館数	博物館 全館数
全国	3394	1305	大阪府	155	38
北海道	165	66	兵庫県	107	36
青森県	35	5	奈良県	33	22
岩手県	47	21	和歌山県	27	13
宮城県	35	17	鳥取県	30	7
秋田県	49	11	島根県	41	21
山形県	40	16	岡山県	70	33
福島県	71	13	広島県	86	30
茨城県	67	25	山口県	55	24
栃木県	55	25	徳島県	29	11
群馬県	56	26	香川県	30	15
埼玉県	174	26	愛媛県	44	25
千葉県	144	44	高知県	40	17
東京都	401	113	福岡県	114	30
神奈川県	85	51	佐賀県	31	13
新潟県	79	37	長崎県	40	16
富山県	56	37	熊本県	52	19
石川県	41	31	大分県	33	16
福井県	37	22	宮崎県	34	8
山梨県	53	21	鹿児島県	63	20
長野県	120	83	沖縄県	39	18
岐阜県	72	23			
静岡県	96	43			
愛知県	97	43			
三重県	47	21			
滋賀県	51	15			
京都府	68	38			

出典：文部科学省（2021）「社会教育調査　図書館調査」「社会教育調査　博物館調査」より作成

資料3

立場（　　　　　　　　　　　　　　　）

森林の健康と癒し効果に関する科学的実証調査」の結果について

1　調査の趣旨

　近年、急速な高齢化の進展、国民の健康に対する関心の高まり等に伴って、森林の有する保健休養機能に対するニーズが高まっており、森林の持つ健康と癒し効果を活用した健康づくりのための森林空間の利用を推進していくことが期待されている。

　一方、森林浴の効果については、最近行われた医学的な実験においても、血圧を下げる効果やストレスホルモンの分泌を抑制する効果があることが示唆されるなど次第に明らかになりつつあるものの、限られたデータや知見しか得られていないのが現状である。

　このため、森林を活用した健康増進の取組を推進するため、当庁において、初めて実証調査を行ったものである。

2　調査報告書の概要（資料1参照）

（1）調査の概要

　健康な男女20人を被験者として、都市環境（岐阜市中心部）と森林環境（岐阜県馬瀬村内）の下で、測定条件（被験者、測定時間、運動量）が同一になるように設定し、運動の前後に血液採取及び気分プロフィール検査（POMS）を行い、データの分析を行った。

（2）血液検査の結果

①免疫機能を有するナチュラル・キラー（NK）細胞の活性が有意に上昇

　リンパ球の一つで血液中を巡回し、癌細胞やウイルス感染細胞を排除すると言われているNK細胞の活性度が、都市環境下では運動の前後で変化が認められなかったが、森林環境下では運動を行うことにより、有意に高まることが認められた。

②ストレスホルモンであるコルチゾールが有意に減少

　都市環境下と森林環境下における運動前の血中のコルチゾールの量を比較したところ、森林環境下においては、都市環境下に比べ、有意に少ないことが認められた。

（3）気分プロフィール検査の結果

　森林環境下に居るだけで都市環境に比べてリラックスした状態（「緊張−不安」、「抑うつ−落ち込み」、「怒り−敵意」、「活気」、「疲労」及び「混乱」の全ての項目で気分が有意に向上）となり、さらに森林環境下で運動を行うことにより、一層リラックスした状態になることが認められた。

3　今後の活用について

　本調査結果については、現在立上げ準備中である「森林セラピー研究会」による森林療法のもたらす生理的、心理的効果の医学的な解明に向けた取組において活用するとともに、都道府県等にも配布し、今後、当該分野の研究が一層推進することを期待する。

　なお、平成16年3月30日（火）に開催される「森林セラピー研究会」の設立記念公開シンポジウム"健康・医療・教育と森林セラピー"（資料2参照）においても今回の結果を発表する予定。

森林を活用した健康増進の取組：https://www.rinya.maff.go.jp/puresu/h16-3gatu/0310s.pdf
資料1：https://www.rinya.maff.go.jp/puresu/h16-3gatu/0310s1.pdf
資料2：https://www.rinya.maff.go.jp/puresu/h16-3gatu/0310s2.pdf

出典：林野庁（2004）「プレスリリース」より作成

資料4　立場（　　　　　　　　　　　　　　　　　　　　　）

都道府県別森林率・人工林率（令和4年3月31日現在）　　（単位：ha）

	都道府県	森林率	人工林率		都道府県	森林率	人工林率
1	北海道	71%	26%	29	奈良県	77%	61%
2	青森県	66%	42%	30	和歌山県	77%	60%
3	岩手県	77%	41%	31	鳥取県	74%	54%
4	宮城県	57%	47%	32	島根県	78%	39%
5	秋田県	72%	48%	33	岡山県	68%	40%
6	山形県	72%	28%	34	広島県	72%	33%
7	福島県	71%	35%	35	山口県	71%	43%
8	茨城県	31%	59%	36	徳島県	76%	60%
9	栃木県	54%	44%	37	香川県	47%	27%
10	群馬県	67%	41%	38	愛媛県	71%	61%
11	埼玉県	31%	50%	39	高知県	84%	65%
12	千葉県	29%	33%	40	福岡県	45%	62%
13	東京都	36%	44%	41	佐賀県	45%	67%
14	神奈川県	39%	38%	42	長崎県	59%	43%
15	新潟県	68%	19%	43	熊本県	62%	61%
16	富山県	67%	19%	44	大分県	71%	51%
17	石川県	68%	36%	45	宮崎県	76%	57%
18	福井県	74%	40%	46	鹿児島県	65%	45%
19	山梨県	78%	44%	47	沖縄県	45%	12%
20	長野県	79%	42%		全国	67%	40%
21	岐阜県	81%	45%				
22	静岡県	64%	56%				
23	愛知県	42%	64%				
24	三重県	64%	62%				
25	滋賀県	51%	42%				
26	京都府	74%	38%				
27	大阪府	30%	49%				
28	兵庫県	67%	43%				

出典：林野庁（2022）「都道府県別森林率・人工林率（令和4年3月31日現在）」より作成

資料5　立場（　　　　　　　　　　　　）

1人当たり県民所得（令和2年度）
(単位：千円)

都道府県	金額	順位
北海道	2,682	31
青森県	2,633	34
岩手県	2,666	32
宮城県	2,803	23
秋田県	2,583	37
山形県	2,843	20
福島県	2,833	21
茨城県	3,098	7
栃木県	3,132	4
群馬県	2,937	16
埼玉県	2,890	17
千葉県	2,988	10
東京都	5,214	1
神奈川県	2,961	13
新潟県	2,784	25
富山県	3,120	5
石川県	2,770	26
福井県	3,182	3
山梨県	2,982	11
長野県	2,788	24
岐阜県	2,875	19
静岡県	3,110	6
愛知県	3,428	2
三重県	2,948	15
滋賀県	3,097	8
京都府	2,745	30
大阪府	2,830	22
兵庫県	2,887	18

都道府県	金額	順位
奈良県	2,501	39
和歌山県	2,751	29
鳥取県	2,313	45
島根県	2,768	27
岡山県	2,665	33
広島県	2,969	12
山口県	2,960	14
徳島県	3,013	9
香川県	2,766	28
愛媛県	2,471	43
高知県	2,491	41
福岡県	2,630	35
佐賀県	2,575	38
長崎県	2,483	42
熊本県	2,498	40
大分県	2,604	36
宮崎県	2,289	46
鹿児島県	2,408	44
沖縄県	2,167	47
全県計	3,123	

出典：内閣府（2020）「県民経済計算（平成23年度-令和2年度）1人当たり県民所得」より作成

家賃等との関係を調べるのもよいですね。

資料6

立場（ 　　　　　　　　　　　 ）

令和5年4月1日　全国待機児童

都道府県	待機児童数 （人）	待機児童率 （%）	参考	
			（R4）待機児童数	増減
北海道	62	0.07	22	40
青森県	0	0.00	0	0
岩手県	27	0.10	35	▲8
宮城県	41	0.09	75	▲34
秋田県	3	0.01	7	▲4
山形県	0	0.00	0	0
福島県	13	0.04	23	▲10
茨城県	5	0.01	8	▲3
栃木県	0	0.00	14	▲14
群馬県	0	0.00	1	▲1
埼玉県	347	0.25	296	51
千葉県	140	0.11	250	▲110
東京都	286	0.09	300	▲14
神奈川県	222	0.12	220	2
新潟県	0	0.00	0	0
富山県	0	0.00	0	0
石川県	0	0.00	0	0
福井県	0	0.00	0	0
山梨県	0	0.00	0	0
長野県	9	0.02	9	0
岐阜県	0	0.00	0	0
静岡県	5	0.01	23	▲18
愛知県	52	0.03	53	▲1
三重県	103	0.26	64	39
滋賀県	169	0.44	118	51
京都府	19	0.03	17	2
大阪府	147	0.08	134	13
兵庫県	241	0.20	311	▲70
奈良県	84	0.32	81	3

都道府県	待機児童数(人)	待機児童率(%)	参考 (R4)待機児童数	増減
和歌山県	39	0.20	30	9
鳥取県	0	0.00	0	0
島根県	0	0.00	0	0
岡山県	56	0.12	79	▲23
広島県	3	0.00	8	▲5
山口県	10	0.04	14	▲4
徳島県	3	0.02	0	3
香川県	12	0.05	19	▲7
愛媛県	9	0.04	25	▲16
高知県	6	0.03	4	2
福岡県	56	0.04	100	▲44
佐賀県	24	0.10	8	16
長崎県	0	0.00	0	0
熊本県	15	0.03	9	6
大分県	0	0.00	0	0
宮崎県	0	0.00	0	0
鹿児島県	61	0.15	148	▲87
沖縄県	411	0.66	439	▲28
計	2,680	0.10	2,944	▲264

出典：こども家庭庁（2023）「保育所等関連状況取りまとめ（令和5年4月1日）」より作成

POINT!

データの数字を見るだけではなく、その数字がどのようなことに影響するのか考えましょう。

> 待機児童とは何でしょうか。待機児童が発生するとどのような問題がありますか。
> 最新のデータを調べたり、この年度の前後にどのような議論があったのか調べるのもよいですね。

資料7　立場（　　　　　　　　　）

バス交通をめぐる状況
輸送人員の推移

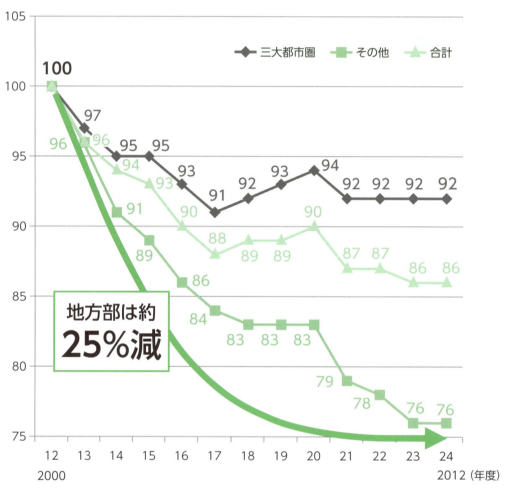

出典：自動車輸送統計調査

出典：国土交通省北陸信越運輸局交通政策部交通企画課（2016）「平成28年度地域公共交通スタートアップセミナー 地域公共交通の現状と課題」より作成

資料 8   立場（   ）

陣川あさひ町会・函館バス（株）・北海道函館市（北海道函館市）

　3者が協働し、行政の補助を受けず実証実験「陣川あさひ町会バス（Jバス）」を運行。

　町会自らが住民ニーズに合わせ、運行計画の改善・利用促進を行い、3年間利用者を維持し路線バス化を実現。取組の結果、地域にバス利用の気運が醸成され、既存路線の利用者も増加。

（取組の概要）

1．行政の補助金に頼らない実証実験運行

・3者が協議を重ね、平成24年4月、町会が貸切バスを契約し、行政の補助金を受けずに運営を行う、実証実験「陣川あさひ町会バス（Jバス）」を開始。

・北海道函館市は地域交通を維持するモデルケースとして位置付け、各種調整を行うほか、リーフレットや利用券の作成・印刷などを支援。

2．迅速な運行計画変更や利用促進等による収支改善

・町会は、住民へのわかりやすいPRやJバスで行く温泉ツアー企画等の取組により、利用促進を図ったほか、車内広告募集や手作りグッズ販売等により運行収入の不足分を確保。

・地元大学生に車内アンケート調査の協力を依頼し、利用者ニーズを把握。住民からの意見や乗降データを速やかに検証し、利便性の向上や効率化を実施。

・函館バスは、町会や同社が発掘した車内広告掲載企業からの広告収入を町会の収入とするとともに、手作りグッズの販売に協力。

3．地域が支える路線バスとして利用者が増加

・3者の協力体制と町会の熱意により、3年間一定の利用客を維持できたことから、函館バスが路線バス「9－J系統」として、平成27年4月より本格運行を開始。

・本格運行開始後、町会は、引き続き情報発信、イベント活動を行うとともに、車内広告募集の函館バスへの協力を実施。

・函館バスと北海道函館市が後方支援に徹したことで、地域のバスという意識が醸成され、「9－J系統」は実証実験時の利用者を上回り、また、地域におけるバス利用の気運が高まった結果、従来から路線バスとして運行していた「6－2系統」の利用者も増加。

出典：国土交通省（2022）「地域公共交通計画等の作成と運用の手引き［添付資料］」（一部抜粋）

資料9　立場（　　　　　　　　　　）

文部科学省
人口減少社会における教育の質の維持向上に係る実証事業

　平成27年度から平成29年度において実施された本事業は、「学校教育におけるICTを活用した実証事業」と「社会教育におけるICTを活用した実証事業」の2つに分かれ、取組が進められていました。「学校教育におけるICTを活用した実証事業」では、小中学校における小規模校や少人数学級のデメリットを緩和・解消することを主たる目的として、年間を通じて継続的計画的に遠隔合同授業を実施し、指導方法やカリキュラムの開発及び学習効果の検証を行いました。また、その成果を基に、「遠隔学習導入ガイドブック」が作成されました。この事業は小規模校による遠隔合同授業について実証されたものですが、「遠隔学習導入ガイドブック※1」には、遠隔教育全般にも参考にできる情報が多数掲載されています。（略）

【北海道幌延町の取組】
　北海道幌延町立問寒別中学校は小規模校であるため、複数の教科で免許外教科担任による指導が行われている。そこで社会科については、同じ町内にある幌延中学校の教員に兼務発令を出して問寒別中学校の籍も持たせ、年間を通じて全ての授業を遠隔合同授業で実施している。
　日常的に遠隔授業を実施するため、社会科の免許を有している教員が授業の計画や全体進行を担当し、特殊な授業方法をとらず、普段通りの授業を心がけることで、教員の負担を減らし、継続的な遠隔授業を実現した。

出典：文部科学省（2021）「遠隔教育システム活用ガイドブック 第3版」（一部抜粋）

ここまでに資料内容を、次のページからの「資料整理シート」にまとめましょう。

資料整理シート

資料1

1	難しい表現やことば	
2	この資料を読んでわかることを短くまとめましょう	
3	どちらの立場に使える資料だと思いますか	
4	そう考えた理由	

資料2

1	難しい表現やことば	
2	この資料を読んでわかることを短くまとめましょう	
3	どちらの立場に使える資料だと思いますか	
4	そう考えた理由	

資料3

1	難しい表現やことば	
2	この資料を読んでわかることを短くまとめましょう	
3	どちらの立場に使える資料だと思いますか	
4	そう考えた理由	

レポートの筋トレ｜トレーニングルーム 1

資料 4

1	難しい表現やことば	
2	この資料を読んでわかることを短くまとめましょう	
3	どちらの立場に使える資料だと思いますか	
4	そう考えた理由	

資料 5

1	難しい表現やことば	
2	この資料を読んでわかることを短くまとめましょう	
3	どちらの立場に使える資料だと思いますか	
4	そう考えた理由	

資料 6

1	難しい表現やことば	
2	この資料を読んでわかることを短くまとめましょう	
3	どちらの立場に使える資料だと思いますか	
4	そう考えた理由	

資料 7

1	難しい表現やことば	
2	この資料を読んでわかることを短くまとめましょう	
3	どちらの立場に使える資料だと思いますか	
4	そう考えた理由	

資料 8

1	難しい表現やことば	
2	この資料を読んでわかることを短くまとめましょう	
3	どちらの立場に使える資料だと思いますか	
4	そう考えた理由	

資料 9

1	難しい表現やことば	
2	この資料を読んでわかることを短くまとめましょう	
3	どちらの立場に使える資料だと思いますか	
4	そう考えた理由	

欲しい資料がデータブックにない場合は、自分で資料検索などをしてよりよい資料を探してみましょう。

🔍 探し方 **トレーニングルーム2「資料検索の方法」p.106**

自分で資料を集めたら同じ資料がもう一度探せるようにメモをしておきましょう。

追加資料メモ

記事タイトル	発表組織	発表年月日	URL等	閲覧日

ワーク 1 ペアまたはグループで資料について話し合おう

資料整理シートについてグループで話し合い、立場や内容について確認しましょう。
下の表に、グループとしての意見をまとめましょう。自分の考えと違うところがあれば
メモしましょう。

ワークシート

資料 1 立場（ ）

上の立場を選んだ理由を一文で説明しましょう

重要だと思う言葉

もっとこんな資料があればいい

資料 2 立場（ ）

上の立場を選んだ理由を一文で説明しましょう

重要だと思う言葉

もっとこんな資料があればいい

資料 3 立場（ ）

上の立場を選んだ理由を一文で説明しましょう

重要だと思う言葉

もっとこんな資料があればいい

資料 4 　　立場（　　　　　　　　　　　　　　　　　　　　）

上の立場を選んだ理由を一文で説明しましょう

重要だと思う言葉

もっとこんな資料があればいい

資料 5 　　立場（　　　　　　　　　　　　　　　　　　　　）

上の立場を選んだ理由を一文で説明しましょう

重要だと思う言葉

もっとこんな資料があればいい

資料 6 　　立場（　　　　　　　　　　　　　　　　　　　　）

上の立場を選んだ理由を一文で説明しましょう

重要だと思う言葉

もっとこんな資料があればいい

資料7 　立場（ 　　　　　　　　　　　　　　　　　　　 ）

上の立場を選んだ理由を一文で説明しましょう

重要だと思う言葉

もっとこんな資料があればいい

資料8 　立場（ 　　　　　　　　　　　　　　　　　　　 ）

上の立場を選んだ理由を一文で説明しましょう

重要だと思う言葉

もっとこんな資料があればいい

資料9 　立場（ 　　　　　　　　　　　　　　　　　　　 ）

上の立場を選んだ理由を一文で説明しましょう

重要だと思う言葉

もっとこんな資料があればいい

31

調べなおしたい資料や、独自に調べたい資料があれば、調べて書きましょう。

追加資料 1　立場（　　　　　　　　　　　　　　　　　　　）

上の立場を選んだ理由を一文で説明しましょう

重要だと思う言葉

資料情報（例：厚生労働省「令和4年度版厚生労働白書」　URL：https.//----）

追加資料 2　立場（　　　　　　　　　　　　　　　　　　　）

上の立場を選んだ理由を一文で説明しましょう

重要だと思う言葉

資料情報

追加資料 3　立場（　　　　　　　　　　　　　　　　　　　）

上の立場を選んだ理由を一文で説明しましょう

重要だと思う言葉

資料情報

準備運動 3 データを整理し、自分の考えをまとめよう

ワーク1 主張とその根拠（理由「〜から」）を考え、自分の考えを図にしてみましょう。
読んできた資料で、根拠と関連しそうな資料は番号をメモしておきましょう。

テーマ 地方に住んだほうがよいか。都会に住んだほうがよいか。

今の段階のあなたの意見を決めて、図に書いてみましょう。

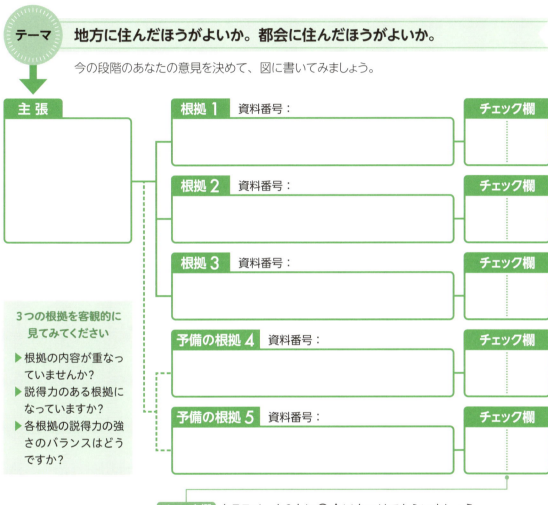

3つの根拠を客観的に見てみてください
▶ 根拠の内容が重なっていませんか？
▶ 説得力のある根拠になっていますか？
▶ 各根拠の説得力の強さのバランスはどうですか？

チェック欄 クラスメート2人に○△×をつけてもらいましょう。
チェックしてもらうポイント 根拠として成立しているか。資料がありそうか。

上の図を書くときに困ったことや疑問に思ったことなど、考える過程で感じたことをメモしましょう。

33

ワーク 2 p.33の図を見せながらクラスメートと話し合い、アドバイスをしましょう。

▶**説明する人の話し方の例**

　私の立場は、〜です。なぜそう思うかというと、1つ目の根拠は、〜からです。資料は（　　）番が関連していると思います。2つ目の根拠は、〜からです。…

▶**アドバイスする人のチェックポイント例**

　①根拠：似たような根拠が並んでしまっている、個人的な理由すぎて説得力がない……など

　②資料：根拠と資料が合っていない、資料が古すぎる……など

アドバイスをくれた人	内容

ワーク 3 アドバイスをもらって、よりよくするためには何をすればいいと思いましたか。修正のためにできることを書いてみましょう。

課題 2 もらったアドバイスをふりかえり、新規資料を検討するなどして、p.35の「資料まとめページ」を完成させてください。

資料まとめページ

　データブックをもう一度見てみましょう。p.33で考えた根拠を支持するデータがありますか。自分の立場に〇をつけ、データブックの中から、自分の立場を支持する資料を選びましょう。自分で探してもOKです。

テーマ「地方に住むか、都会に住むか」
A：地方に住んだほうがよい　・　B：都会に住んだほうがよい

資料番号：　　　　　タイトル：

この資料から「自分の立場が正しい」と言える理由：

　　　　　　　　　　　　　　　　　　　　　　　　　　　　　ため／から。

資料の中で特に重要な内容を一文でまとめましょう：

資料番号：　　　　　タイトル：

この資料から「自分の立場が正しい」と言える理由：

　　　　　　　　　　　　　　　　　　　　　　　　　　　　　ため／から。

資料の中で特に重要な内容を一文でまとめましょう：

資料番号：　　　　　タイトル：

この資料から「自分の立場が正しい」と言える理由：

　　　　　　　　　　　　　　　　　　　　　　　　　　　　　ため／から。

資料の中で特に重要な内容を一文でまとめましょう：

▶ 書くまえに　見本レポートを読んで構成を確認しよう

レポートの構成や形は一つではありません。さまざまなものがあります。
この本で学ぶレポートの形式と順番は以下の通りです。

> ① 冒頭でテーマを議論する必要性を資料で示す
> ② 自分の立場（主張）を表明する
> ③ 主張の根拠（理由）を、根拠を支える資料とともに示して読み手を説得する
> ④ まとめる

次のページから、見本となるレポートを掲載します。

見本レポートのテーマは、「小学生はスマートフォンを持つべきか」です。

みなさんが書くテーマは「地方に住んだほうがよいか、都会に住んだほうがよいか」
ですが、同じ構成で書きますのでよく観察してください。

構成や表現を観察し、真似できるところは真似しましょう！
書くときにこの見本を横に置いて、見ながら書くと上手に書けます。

見本1 章立てなし形式

小学生低学年のスマートフォン所持について

授業名：日本語表現Ⅱ
○○学科 22X9999 身体強子

　近年、スマートフォンの使用を開始する年齢が若年齢化している。令和3年度の総務省の調査によると、小学生（10歳以上）の機器ごとのインターネット利用状況は、スマートフォンでの利用が最も多く53.4%だったという。平成29年度までは、小学生はタブレットでの利用が最も多かったが、平成30年度よりスマートフォンが最多となった。自分専用のスマートフォン所持率（専有率）は、就学前は5%前後であるのに対し、小学生低学年（6～9歳）になると21.4%に上昇する。10歳以上になると63.3%となり、小学生にとってスマートフォンが身近になっていることがうかがえる。しかし、これらの流れに任せて小学生にスマートフォンを持たせることは、子どものためによいことなのだろうか。本レポートでは、小学生に自分専用のスマートフォンを持たせることの是非について考察したい。

　私は、小学生にはスマートフォンを持たせるべきではないと考える。理由は以下の3点である。

　1点目は、学力が下がる可能性があるためである。学習意欲の科学的研究に関するプロジェクト（2018）の調査によると、スマートフォン等の使用時間が長いと、成績が低くなる傾向にあるという。同資料によると、2018年に小学5年生～中学3年生36,603人に行った調査の結果、スマートフォン等を1時間以上使用している子どもの偏差値はいずれも50付近にとどまっているという。本調査では、睡眠時間や学習時間との関連性も調査され、1時間以上スマートフォン等を使用している子どもの学力は、睡眠時間や学習時間の多さに関係なくスマートフォン使用1時間未満の子どもたちと比べ、成績に大きな差が出ている。

　以上のことから、睡眠や勉強に多くの時間を費やしたとしてもスマートフォンを長時間使用すると学力に悪影響があることがわかる。この調査には、小学生だけでなく中学生も含まれているが、小学生のみ異なる結果が得られることは考えにくい。むしろ、早期にスマートフォンを所持することでこのような悪影響が早い段階で現れ、長期間続く可能性があるだろう。使用時間を減らすためのコントロールは、子どもの「スマホで遊びたい」という感情にも向き合う必要があり簡単ではない。これからの学びの基礎を作る時期に、スマートフォン由来による学力低下を招くべきではないと考える。

2点目は、……。（2点目の論証を全部書く）

　　3点目は、……。（3点目の論証を全部書く）

　以上、3つの論点から、小学生のスマートフォン所持の必要性について考察した。小学生にスマートフォンを持たせないことにより、学力が低下する可能性を減らし、視力低下や睡眠不足という健康被害も軽減することが可能になる。また、保護者や教員が友人関係について把握しやすく、基本的な人間関係構築についての教育的介入がしやすくなる。このように、心身ともに健康的な学びの環境や生活環境を維持するためには、小学生のスマートフォン所持は慎重に考えるべきだといえる。子どもたちがよりよい環境で生活していくためには、小学生にスマートフォンを持たせるのではなく、異なる手段で子どもを守り学ばせる手段を考えていく必要があると考える。

参考文献

学習意欲の科学的研究に関するプロジェクト（2018）「平成30年度 学習意欲の科学的研究に関するプロジェクト　リーフレット」https://www.city.sendai.jp/manabi/kurashi/manabu/kyoiku/inkai/kanren/kyoiku/documents/h30gakushuiyoku.pdf,（参照 2024-06-06）

警察庁生活安全局人身安全・少年課（2023）「令和4年における少年非行及び子供の性被害の状況」https://www.npa.go.jp/bureau/safetylife/syonen/pdf-r4-syonenhikoujyokyo.pdf,（参照 2023-06-06）

総務省（2022）「令和3年度 青少年のインターネット利用環境実態調査 調査結果（概要）」, https://www.soumu.go.jp/main_content/000821204.pdf,（参照 2024-04-07）

　　　　　提出するときの体裁については、p.72〜にあります。
　　　　　提出前に必ず確認しましょう。

見本2 章立て形式

小学生低学年のスマートフォン所持について

授業名：日本語表現II
〇〇学科 99X9999 身体強子

1．はじめに

　近年、スマートフォンの使用を開始する年齢が若年齢化している。令和3年度の総務省の調査[1]によると、小学生（10歳以上）の機器ごとのインターネット利用状況を見ると、スマートフォンでの利用が最も多く53.4%だったという。平成29年度までは、小学生はタブレットでの利用が最も多かったが、平成30年度よりスマートフォンが最も多くなっている。自分専用のスマートフォン所持率（専有率）は、就学前は5%前後であるのに対し、小学生低学年（6〜9歳）になると21.4%に上昇する。10歳以上になると63.3%となり、小学生にとってスマートフォンが身近になっていることがうかがえる。しかし、これらの流れに任せて小学生にスマートフォンを持たせることは、子どものためによいことなのだろうか。本レポートでは、小学生に自分専用のスマートフォンを持たせることの是非について考察したい。

　私は、小学生にはスマートフォンを持たせるべきではないと考える。理由は以下の3点である。

2．学力低下の可能性

　1点目は、学力が下がる可能性があるためである。学習意欲の科学的研究に関するプロジェクト（2018）[2]の調査によると、スマートフォン等の使用時間が長いと、成績が低くなる傾向にあるという。同資料によると、2018年に小学5年生〜中学3年生36,603人に行った調査の結果、スマートフォン等を1時間以上使用している子どもの偏差値はいずれも50付近にとどまっているという。本調査では、睡眠時間や学習時間との関連性も調査され、1時間以上スマートフォン等を使用している子どもの学力は、睡眠時間や学習時間の多さに関係なくスマートフォン使用1時間未満の子どもたちと比べ、成績に大きな差が出ている。

　以上のことから、睡眠や勉強に多くの時間を費やしたとしてもスマートフォンを長時間使用すると学力に悪影響があることがわかる。この調査には、小学生だけでなく中学生も含まれているが、小学生のみ異なる結果が得られることは考えにくい。むしろ、早期にスマートフォンを所持することでこのような悪影響が早い段階で現れ、長期間続く可能性があるだろう。使用時間を減らすためのコントロールは、子どもの「スマホで遊びたい」という感情にも向き合う必要があり簡単ではない。これからの学

びの基礎を作る時期に、スマートフォン由来による学力低下を招くべきではないと考える。

3．精神面への悪影響

2点目は、……。（2点目の論証を全部書く）

4．友人関係の複雑化

3点目は、……。（3点目の論証を全部書く）

5．おわりに

以上、3つの論点から、小学生のスマートフォン所持の必要性について考察した。小学生にスマートフォンを持たせないことにより、学力が低下する可能性を減らし、視力低下や睡眠不足という健康被害も軽減することが可能になる。また、保護者や教員が友人関係について把握しやすく、基本的な人間関係構築についての教育的介入がしやすくなる。このように、心身ともに健康的な学びの環境や生活環境を維持するためには、小学生のスマートフォン所持は慎重に考えるべきだといえる。子どもたちがよりよい環境で生活していくためには、小学生にスマートフォンを持たせるのではなく、異なる手段で子どもを守り学ばせる手段を考えていく必要があると考える。

参考文献

1）総務省（2022）「令和3年度 青少年のインターネット利用環境実態調査 調査結果（概要）」https://www.soumu.go.jp/main_content/000821204.pdf,（参照 2024-04-07）

2）学習意欲の科学的研究に関するプロジェクト（2018）「平成30年度 学習意欲の科学的研究に関するプロジェクト　リーフレット」https://www.city.sendai.jp/manabi/kurashi/manabu/kyoiku/inkai/kanren/kyoiku/documents/h30gakushuiyoku.pdf,（参照 2024-06-06）

3）警察庁生活安全局人身安全・少年課（2023）「令和4年における少年非行及び子供の性被害の状況」https://www.npa.go.jp/bureau/safetylife/syonen/pdf-r4-syonenhikoujyokyo.pdf,（参照 2023-06-06）

「本論」の書き方を鍛えよう！

この本では「論証型レポート」を書きます。「論証型」レポートの全体の構成を見てみましょう。そして、これからトレーニングする「本論」の場所と表現を確認しましょう。

レポートの全体構造　それぞれ何を行うところか確認しましょう！

序論（はじめに／緒言）
- 出だし　：これから何を書くかを読み手に想像させ、引きつける
- 問題提起：出だしに対してどのような問題を感じているのかを示す
- 主張　　：自分の立場をはっきり示す

本論
- 論証　　：自分の意見が正しいことを証明する(資料を使って説得)

結論：自分が書いてきたことをまとめて読み手を説得する

序論
- 出だし → 近年、スマートフォンの使用を開始する年齢が若年齢化している。令和3年度の総務省の調査によると、……。…小学生にとってスマートフォンが身近になっていることがうかがえる。
- 問題提起 → しかし、これらの流れに任せて小学生にスマートフォンを持たせることは、子どものためによいことなのだろうか。本レポートでは小学生に自分専用のスマートフォンを持たせることの是非について考察したい。
- 主張 → 私は、小学生にスマートフォンを所持させるべきではないと考える。理由は以下の3点である。

本論
- 論証1 → 1点目は、学力が低下する可能性が高いためである。佐藤（2023）の調査によると、…という。……。以上のことから、……ことがわかる。この調査では、……であったが、……ことも考えられる。よって、……ではないかと考える。
- 論証2 → 2点目は、……ためである。猫電調査研究所（2022）の調査によると、……という。……。以上のことから、……といえる。また、犬通信機構（2024）の調査でも同様の結果が出ている。これらのことから、……ことがわかる。……だろう。
- 論証3 → 3点目は、……ためである。田中（2022）の調査によると、……という。

結論　以上のことから、……ことがわかる。この調査は、……。……ではないかと考える。

「本論」のなかにある論証の構造を確認しましょう

一つの論証の構造は**雪だるま**のようになっています。 ── 一つのレポートに「論証」を3つ書きます。

1. **根拠（理由）** 帽子部分 ： 短く書く。要点を一文で示すことが大切。
2. **リード**＋ 3 **具体記述** 顔部分 ： 最初に要点、だんだん詳しく書く。
4. **まとめ文** 首部分 ： 資料が示していることを短くまとめる。
5. **考察** 体部分 ： 自分の意見はたくさん書く。

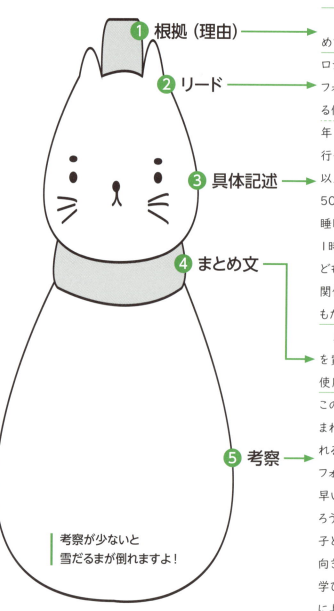

1 根拠（理由） → 1点目は、学力が下がる可能性があるためである。学習意欲の科学的研究に関するプロジェクト（2018）の調査によると、スマートフォン等の使用時間が長いと、成績が低くなる傾向にあるという。

2 リード →

3 具体記述 → 同資料によると、2018年に小学5年生〜中学3年生36,603人に行った調査の結果、スマートフォン等を1時間以上使用している子どもの偏差値はいずれも50付近にとどまっているという。本調査では、睡眠時間や学習時間との関連性も調査され、1時間以上スマートフォン等を使用している子どもの学力は、睡眠時間や学習時間の多さに関係なくスマートフォン使用1時間未満の子どもたちと比べ、成績に大きな差が出ている。

4 まとめ文 → 以上のことから、睡眠や勉強に多くの時間を費やしたとしても、スマートフォンを長時間使用すると学力に悪影響があることがわかる。

5 考察 → この調査には、小学生だけでなく中学生も含まれているが、小学生のみ異なる結果が得られることは考えにくい。むしろ、早期にスマートフォンを所持することで、このような悪影響が早い段階で現れ、長期間続く可能性があるだろう。使用時間を減らすためのコントロールは、子どもの「スマホで遊びたい」という感情にも向き合う必要があり簡単ではない。これからの学びの基礎を作る時期に、スマートフォン由来による学力低下を招くべきではないと考える。

考察が少ないと雪だるまが倒れますよ！

資料（顔）と**考察（体）**を混ぜないようにすることがポイント

論証のポイント ❶ 論証　まとめ

左ページのどこにこの表現があるか確認し、線を引きましょう。

❶ 根拠（理由）

- 〜**ため／から**である。
- 【特別な名詞】＋である。

---

❷ リード

- 【資料制作者（発表年）】＋ **によると、…という。** ───┤ はじめに資料情報を書いてください！
  例：経済産業省（2016）／田中（2018）

---

❸ 具体記述

- 〜**によると、…という。** ───┤ 具体記述は「雪だるまの顔」の大きさ（分量）がありますか。
  資料を見たことがない人に資料内容が伝わるように十分説明
  してください。

その他の引用表現

- 〜によれば、…という。
  　　　　　　　　…ということである。
- 〜には、…とある。
  　　　　　…と説明されている／書かれている／述べられている　など
- （人）は〜と述べている／指摘している　など

---

❹ まとめ文

- このデータ／数値 ┐ **は、〜ということを示している／表している。**
  　　　　　　　　　├ または
  以上のこと／この結果 ┘ **から、〜ということがわかる／考えられる。**

---

❺ 考察

- 〜と考える。　✕**思う・感じる** ───┤ 感想文のようになるので、
  避けたほうがよい。
- 〜だろう／であろう／のではないか。
- 〜べきである／べきだと考える。　など

ヒント

▶「自分はこの資料についてどう考えたか」、「このデータをどう解釈するか」、「その解釈からどのようなことが言えるか」などを考えてみましょう。

▶あなたの根拠に反論してくる人もいるかもしれません。相手を説得するつもりで書いてみましょう。

▶考察は自分の考えを示すところです。十分な量を書いてください。

43

ここが大切！「論証」

「論証」は、自分が正しいと思う 根拠（理由） 、その根拠を説明するための 資料 、 考察 で構成されています。論証には納得させられるような根拠とよい資料が必要です。

❶ 根拠（理由）に感情的なことや証明できないことは書かない。

× スマホはヤバいためである。

 えー、ダメなの？
じゃあ、どうすればよいの？

❷ 根拠（理由）は具体的に書きすぎない。より広範囲に当てはまることを書く。

× 猫小学校の太郎くんは、算数の成績が下がったためである。

→

「猫小学校の太郎くん」
「算数」だけの問題？？

様々な事例に当てはまるように
書き直してみましょう。

❸ 同じような 根拠（理由） を並べない。

×
1. スマホによる犯罪に巻き込まれる可能性が高くなるからである。
2. スマホは知らない人とつながりやすいためである。
3. スマホはだまされる確率が上がるためである。

○ 色々な視点から考えましょう！
1. スマホによる犯罪に巻き込まれる可能性が高くなるからである。
2. スマホは視力低下など健康被害につながるためである。
3. スマホは、児童同士の人間関係が複雑化するためである。

❹ 記事やグラフを見ていない人がわかるように説明する。

❺ 複数資料を調べ、自分の考察をたくさん書く。

自分の考察が少ない……
引用した情報について
どう考えているの？

この情報も、この情報も出典はA氏の本？
これならA氏の著作を読めばよい。
この学生がレポートを書く意味は？

よくわからない……
もう少し詳しくまとめてほしい……

論証のポイント ❷ グラフや記事から根拠(理由)を一文で説明する

POINT!

❶ 根拠(理由)は、最初に短くはっきりと!
どのようなよい点・悪い点があるか、傾向があるか、論理的な理由を短く書く。

❷ 個別の具体例ではなく、本質的な根拠(理由)を書く!
資料に書いてある例をそのまま書くのではなく、抽象化した理由を一文で言う。

使用表現

根拠	1点目は、～ ため/から である。

例
- 1点目は、スマートフォンは学力低下を招く可能性があるためである。
- 1点目は、スマートフォンの使用が学力に悪影響を及ぼすためである。
- 1点目は、スマートフォンは学力に悪い影響があるからである。

同じ内容でも様々な書き方ができます
挑戦しましょう

間違えやすい表現をチェック！

根拠を書く際によく使う特別な名詞とその使い方を確認しましょう。

特別な名詞 ＋である

「問題、影響、不足、増加、減少、上昇、低下、～性、効果、被害」など、評価／傾向を含む名詞

- 1点目は、スマートフォン利用による視力低下である。
- 1点目は、学業への悪影響である。

すぐ後に「である」をつける場合と、動詞を使う場合では助詞が異なるので注意しましょう。p.104でも練習しましょう。

✕ 精神に悪影響である。
○ 精神に悪影響を与えるからである。

【原因】による 名詞 ＋である

- 集中力の低下による成績への悪影響である。
- 対面で授業を行うことによる学習効果である。

| 練習 1 | 下の文の中から間違いを探し、正しい文に直しましょう。 |

（1）2点目は、集中力に悪影響である。

（2）1点目は、健康の被害である。

（3）2点目は、成績低下につながることである。

（4）3点目は、集中力低下によって学習効率の低下である。

（5）1点目は、集中力低下が成績に影響する可能性からである。

（6）3点目は、モニターを見すぎることが健康被害である。

（7）2点目は、信頼関係を築くためには対面接触が不可欠である。

（8）1点目は、集中力低下による成績が下がるおそれがあるからである。

パワーアップ！ 根拠（理由）を書くときによく使う便利な表現

100%はっきりと言えないことには使いましょう

- 動詞 ＋ 可能性がある ：断言できないが、そのような傾向が考えられるときに使う
- 動詞 ＋ おそれがある ：悪いことが起こる可能性があるときに使う
- 名詞・〜こと ＋ につながる ：あることが、よい／悪い結果になるときに使う

| 課題 3 | 自分の立場に合った資料を使って、1点目の根拠（理由）をp.142の「論証シート」に書きましょう。 |

論証のポイント ❸　資料を具体的に示す

POINT!

❶ **リード**で資料の内容を簡潔に
　傾向（増加・減少・効果・影響など）・出来事について、短い文で書く

❷ **具体記述**でデータをどう捉えているかを示す
　【出来事】どのような状況で何が起こったか、周囲への影響などを詳しく書く
　【調査・研究】対象や数値の大小、他との比較など、詳しく書く

使用表現

根拠	1点目は、～ ため／から である。
リード	○○新聞○月○日の記事によると、 鈴木（2020）によると、　→ 変化／傾向／結果 という。
具体記述	同記事によると、 （いつ・誰が・どこで・何を・どのように） 同調査（研究）によると、　→ という。 （何が・どれぐらい・どうなったか）

例

［リード］（リードには数値など細かい説明は入れません）
警察庁（2023）の調査によると、SNSに起因する犯罪の被害児童のアクセス手段はスマートフォンが最も多いという。**［具体記述］**同資料によると、令和元年の調査では、被害児童数2,082のうち、携帯電話がアクセス手段となったのは1,867件、そのうちスマートフォンは1,845件だったという。令和元年以降の調査では、…。（具体記述は資料を読んでいない人がわかるように書きます）

練習2

細かい説明や数値を書かなくても内容がわかるように、具体記述を読んでリードを完成させましょう。

［理由］1点目は、身体に悪影響を及ぼす可能性があるからである。**［リード］**文部科学省（2023）の「学校保健統計」によると、＿＿＿＿＿＿＿＿＿＿＿＿＿＿＿＿＿＿＿＿＿＿＿という。**［具体記述］**同調査では、裸眼視力1.0未満の小学生は37.88％で、幼稚園児の24.95％よりも約12％多い結果となった。また、裸眼視力1.0未満の小学生の割合は、調査が始まった1979年の17.9％から倍増し、過去最悪を記録したという。

リードと具体記述の書き方の例を確認しましょう

資料を使用するときによくある失敗

❶ 省略しすぎて資料内容が伝わらない。
❷ 資料をそのまま写し、強調点がない。
❸ 重要な情報を書いていない。

「**自分はこの資料を使って何が言いたいのか**」を考えて書くことが大切です。

資料を上手に使う方法

❶ 記事や資料を読んでいない人にも内容がわかるように書く。
❷ 立場を支持する数値や意見を強調する。

ワーク 1
引用するときに使う表現を見つけて線を引きましょう。

> **出来事（新聞）**
>
> 　日本経済新聞2023年6月19日の記事によると、政府が外国人の在留資格「特定技能」について、長期就労や家族の帯同ができる業種を大幅に広げることを決めたという。同記事によると、特定技能の資格には在留が最長5年の「1号」と何度も更新できる「2号」があるという。2号の対象に外食や宿泊など9つの業種を加え、計11分野に増やし、2号を取得するための技能試験を始める方針だという。同記事では、これまで不況になると労働契約を更新しない「雇い止め」によるトラブルが多発したことを取り上げ、それでは信頼が得られないと指摘している。

よくある間違い

新聞記事では名詞で終わる文がよく使われます。そのまま引用せず、「【状況を示す形容詞文や動詞文】＋という」の形式にして引用しましょう。

✗ 「猫猫新聞」202X年6月6日の記事によると、昨年からYY症候群患者が増加し続け、専用治療薬が不足。

◯ 「猫猫新聞」202X年6月6日の記事によると、昨年からYY症候群患者が増加し続け、専用治療薬が不足しているという。

新聞記事では、他の組織の研究結果や他の人の意見が書かれていることがあります。
本テキストでは

　同記事において（同記事で）、A大学のB教授は・・・と指摘している／述べている。
　同記事に記載されているCの調査によると、・・・という。

など、その記事から引用したことがわかるように書いてあります。しかし、本来は、A大学のB教授の本を読んで同じ意見を探したり、Cという組織の論文を読んだりして、「本物の資料（一次資料）」を探して書かなくてはいけません。卒業論文を書くときは、きちんと本物の資料を探して書きましょう。

アンケート調査の結果

　文部科学省（2008）が全国の児童生徒に対して行った「子どもの携帯電話等の利用に関する調査」によると、子どもの携帯電話の利用に不安を感じる親が多いという。同調査によると、小中学生保護者1889名のうち、「子どもの携帯利用に不安を感じるか」という質問に対し、「子どもの携帯利用に不安を感じる・少し感じる」と回答した保護者は約7割だという。

アンケート調査の結果は、「　」を上手に使うと読みやすくなります。

数値

　厚生労働省（2009）の調査によると、やせている20代女性の割合が高くなっているという。厚生労働省が20代以上の女性に対して行った調査によると、BMI数値が18.5以下のやせ過ぎ状態にある女性の割合は、20代女性では20.7％に上るという。一方、30代から60代にかけて、やせ過ぎ女性の割合は減少しており、最も割合が少ない60代ではわずか6.8％であった。

数値を強調するには、「多さ／少なさを強調する」「比較する」「変化を示す」という方法があります。それぞれ表現を確認し、使えるように練習しましょう。

ワーク 2

自分で使えそう、使ってみたいと思った表現に線を引きましょう。

多さ／少なさを強調する表現

多さを強調

- 20代女性のやせ過ぎの割合は、全体の22%に（も）上る。
- 20代女性のやせ過ぎの割合は、全体の22%を占める。
- 20代女性のやせ過ぎの割合は、全体の20%を超えている。

少なさを強調

- 60代女性のやせ過ぎの割合は、わずか全体の7%以下（未満）である。
- 60代女性のやせ過ぎの割合は、全体の6.8%に過ぎない。
- 60代女性のやせ過ぎの割合は、全体の7%以下（未満）にとどまっている。

- 「という」が続いてしまう場合 → **参照** 表現のバリエーション p.43
- 引用がデータ数値のみの場合、「という」を省略することもできます

比較する表現

比較

- 18歳から39歳の女性約1万人に調査した結果、今後のインターネットでの洋服購入について「増える」「やや増える」と回答した女性は約65%であった。一方、「やや減る」「非常に減る」と答えた女性は3%であったという。
- Aと答えた人の割合は、Bと答えた人の割合を大きく上回った／下回った。
- 「はい」と答えた女性は、「いいえ」と答えた女性に比べて圧倒的に多い／少ない。
- 「はい」と答えた女性は、「いいえ」と答えた女性の約／およそ2倍である。
- 「はい」と答えた女性と「いいえ」と答えた女性の数は、それぞれ476人と468人であり、大きな差／違いはなかった。

変化を示す表現

変化

- Aと答えた人の割合は、1990年から2000年にかけて {大幅に／急激に／著しく／やや／わずかに／徐々に} 増加している／減少している。
- B党の支持率は、2000年から2010年にかけて {大幅に／急激に／著しく／やや／わずかに／徐々に} 上昇している／低下している。
- Cの割合は、2000年以降大きな変化はなかった／ほぼ一定であった／ほぼ横ばいであった。

ただ数値を並べるだけではなく、自分がそのデータをどう捉えているかがわかる表現を使いましょう。

自分の立場を強調する方法①

多さや少なさの程度を示す。

強調なし

「…」という質問に対し、「はい」と答えた女性は86%だった。

強調あり

「…」という質問に対し、「はい」と答えた女性は86%に上った。一方、「いいえ」と答えた女性はわずか10%であった。

自分の立場を強調する方法②

同じような立場はまとめて示す。

強調なし

「賛成」と答えた人は33%、「どちらかというと賛成」と答えた人は40%であった。

強調あり

「賛成（33%）」「どちらかというと賛成（40%）」と回答した人は、合わせて約7割を占めた。

1つの論証に2つの資料を使いたいときは、どうすればいいですか？

| 一個目の資料 | + | リード | + | 具体記述 |。また、+ | 二個目の資料 | + | リード | + | 具体記述 |。これらの資料から〜ことがわかる（まとめ文）。……

説得力が増しそうでいいですね！
このように、「また／さらに」などでつなげばOKですよ。

課題4 p.46の課題3で使用した資料を使って、リードと具体記述をp.142の「論証シート」に書きましょう。

論証のポイント ❹　データをまとめて自分の意見を書く

> **POINT!**
>
>
>
> ❶ **まとめ文は資料からわかったことを一文で書く。**
> 自分で書いた根拠を意識しながら、一文でまとめよう（少し文を変えるとよい）。
>
> ❷ **考察には意見・解釈を書いて差をつけよう。**
> 自分の意見・解釈は自分にしか書けません。たとえや提案などを出して読み手を説得しましょう。

使用表現

根拠	1点目は、～ ため／から である。
リード	～によると、…である。
具体記述	【出来事／調査・研究】～という。
まとめ文	このデータ／数値 は 、～ということ を示している／表している 。 以上のこと／この結果 から、～ということ がわかる／考えられる 。 　　　　　　　　　　　　　　　後ろに来る表現が決まっています。
考察	～だろう／であろう／ではないか。 ～べきである／～と考える。 ～ことにより…だろう。　　このほかにも多様な表現があります。 　　　　　　　　　　　　　　様々な表現を使ってみましょう。

例

　[まとめ文] 以上のことは、スマートフォンは携帯電話と比較してもSNS犯罪に巻き込まれる可能性が高いことを示している。**[意見・考察]** スマートフォンを持たせる理由が、子どもの所在地確認や、送り迎え時の連絡を取るという目的ならば、それらは子ども用の携帯電話でも可能である。子ども用の携帯は、特定の人物のみと連絡を取るように設定できる。このことから、子どもとの連絡はスマートフォンではなく携帯電話を使用することにより、犯罪に巻き込まれる可能性を減らせるだろう。子どもを危険から守るためにも、スマートフォンを持たせないほうがよいと考える。

> **課題 5** 　課題3で使用した資料を使って、まとめ文と意見をp.142の「論証シート」に書きましょう。

反対の意見を意識して書いてみよう！

どちらのほうがテーマについて「よく考えているな」と感じますか。

　自分の言いたいことだけで十分！　他の意見？　そんなのは知らないよ。

　反対の意見やちょっと違う意見に〜という意見がある。知っているけど、私の意見のほうがいいと思う。なぜなら〜だから。

なぜだと思いますか。
反対の意見や違う意見を示しながら主張するためには、どのような準備が必要だと思いますか。

　### 表現例を見てみよう

反対の意見や違う意見を示しながら主張するには次のような表現があります。意見の部分でも活用できますね。すべての表現を使う必要はありません。使えそうな表現を探して線を引きましょう。できそうなところからさっそく挑戦してみましょう。

　　確かに、スマートフォンでアプリを利用し、楽しみながら勉強ができるという意見もある。ABC社の調査（2022）によると、近年の学習アプリ数は増加しているという。しかし、このような見方だけでは、スマートフォンの活用により学力が向上するとは言えない。すでに示したように、「学習意欲の科学的研究に関するプロジェクト」の調査結果では、スマートフォンを1時間以上使用している子どもの学力は、睡眠時間や学習時間の多さに関係なく悪影響を受けることが示されている。スマホ依存症という言葉があることを考えると、スマートフォン使用についてのコントロール方法は確立されているとは言い難い。このような現状では、子どもの学力低下の可能性を少しでも低くするためには、やはりスマートフォンを持たせるべきではないだろう。

反対意見を意識して書くときの流れ

流れ	表現例
反対意見の提示	確かに、〜という意見もある／〜という見方もある。
反対意見の資料	〜によると、…という。
相手の立場への反論	しかし、このような見方だけでは、〜とは言えない。 しかし、このような見方では、〜おそれがある。
相手の立場の弱点	（すでに示した通り）、〜では、…ことが示されている。 〜の調査によると、…ことが明らかにされている。
自分の立場の強調・再主張	〜ためには、やはり…だろう。

注意！　以下の条件では、自分の主張が弱くなります！
- 反対意見のメリットのほうが多い
- 反対意見の弱点を示せない
- 自分の意見の優位性を示せない

　反対意見を提示して、さらに説得力を持たせるにはどうすればよいか、バランスもよく考えましょう！

ワーク 3

ペアまたはグループで論証を読みあい、「論証の読みあいシート」を完成させましょう。「これでいいのか」と思うところがあれば相談しましょう。

論証の読みあいシート　　　　年　　　月　　　日

チェックしよう！　レポートを客観的に見てください。

❶ 論証のバランス（根拠の内容が重なっていないか・論証に強弱がないか）　p.33
❷ 1回読んで意味がわかるか（わかりやすく、簡潔な文か）　　❸ 雪だるまのバランス　p.42
❹ 資料が根拠の証明となっているか　　❺ 資料の信頼性

相手にレポートとシートを渡して記入してもらおう。コメントをする人は、前の人のコメントにはないコメントもできるように意識しよう。

コメント例
▎(具体的な箇所) がわかりやすかった ▎(具体的な箇所) は表現が難しい気がする ▎(具体的な箇所) は一文が長いので短くしたほうがいいと思う ▎(具体的な箇所) 資料の説明がもう少しあるといい ▎〜を〜したらもっと〜だと思う、など

読んだ人 1	名前 (　　　　　　　　　　　　　　　　)

論証を読んだ感想・成長のチャンス : よりよいレポートにするために、気づいたことを書こう

読んだ人 2	名前 (　　　　　　　　　　　　　　　　)

論証を読んだ感想・成長のチャンス

読んだ人 3	名前 (　　　　　　　　　　　　　　　　)

論証を読んだ感想・成長のチャンス

クラスメートからのコメントを読み、どこをどう改善するか書いてください

論証チェックポイント

論証（論証1〜論証3）について、基礎的なポイントができているか提出前に確認しチェックを入れましょう。

		論証 1	論証 2	論証 3
根拠	a. 正しい表現を使えていますか。 ○点目は〜（ため／から）である。			
	b. 抽象的な根拠ですか。 （p.45のような書き方になっていますか。）			
	c. 同じような根拠になっていませんか。異なる観点から考えていますか。			
リード	d. 正しい表現を使えていますか。 【出典】によると、〜という。			
	e. 資料名、発行年（月日）が書かれていますか。			
	f. 細かい説明や数値を入れずに要点（傾向・出来事）が書けていますか。			
具体供述	g. 正しい表現を使えていますか。 同調査／同記事によると、〜という。			
	h. その資料を知らない人が読んでも、どのような内容かわかりますか。資料の内容が十分説明されていますか（3文以上）。			
まとめ文	i. 正しい表現を使えていますか。 以上のことから、〜ということがわかる。 以上のことは、〜ということを示している。 など			
	j. 資料からわかったことを短くまとめていますか。			
考察	k. 正しい表現を使えていますか。 〜と考える／〜ではないか／〜べきである／〜だろう。 など			
	l. 使用した資料と関連したことが書けていますか。自分の主張とつながっていますか。			
	m.考察が短すぎませんか（3文以上ありますか）。			
＊資料	n. 信頼できる資料が使えていますか。 ➡ p.106			
	o. 参考文献が正しく書けていますか。 ➡ p.111			
＊基本項目	p. 書き言葉ですか。 ➡ p.79〜			
	q. 1文が長くなりすぎていませんか。一度読めば意味がわかりますか。			

レポートの**筋トレ** ｜ トレーニングルーム **1**

課題 6 論証が完成したら、出だしから結論までを通して書き、レポートを完成させましょう。ここでは「出だし」「問題提起」「結論」は下の見本をそのまま使います（序論・結論を自分で書く場合は次ページへ）。

序論・出だし　そのまま書きましょう

　内閣府（2022）が東京都圏在住の20代に地方移住への関心について調査したところ、地方移住に関心があると回答した割合が増加しているという。同調査によると、2022年は、地方移住について「強い関心がある」「関心がある」「やや関心がある」の合計が45.1%となり、2019年の調査より32.1%増加したという。一方で、2022年の「あまり関心がない」「まったく関心がない」と回答した合計割合は、54.8%であり、2019年の68%より減少したという。

序論・問題提起　①か②を選びましょう

① しかし、都会住まいについての希望は減少したとはいえ、いまだ半数の人は関心がなく、都市部に住む魅力が消えたとは言い難い。今後の都市のあり方を考えるためにも、本レポートでは、都市に住む利点について考察したい。

② このように、コロナ禍以降、地方で暮らす魅力について考え始める人が増加しており、地方で暮らす意義について考える価値があると考える。本レポートでは、地方に住む利点について考察したい。

序論・主張　①か②を選びましょう

①私は、都会に住んだほうがよいと考える。理由は以下の3点である。
②私は、地方に住んだほうがよいと考える。理由は以下の3点である。

本論（論証1・2・3）　自分で作成した論証を使いましょう

1点目は……である。（2点目は……、3点目は……、）、である。…

結論　下の見本を参考に、立場に合わせて書きましょう

ポイントは、新たな情報を入れるのではなく論証で書いたことをもう一度簡潔にまとめることです。

　以上、3つの論点から 地方／都会 に住む利点について考察した。地方／都会 に住むことにより、～ことが可能になる。さらに、～ことができ、～もできる。このように、地方に住む／都会に住む ことは、～ためにも、よりよい選択だと考える。　　　※ 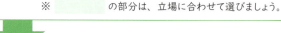 の部分は、立場に合わせて選びましょう。

例　以上、3つの論点から小学生にスマートフォンを持たせることの是非について考察した。スマホを持たせないことにより、学習への悪影響やスマートフォン経由の犯罪に巻き込まれることを防ぐことが可能になる。また、スマートフォンによる友人関係の複雑化を防ぎ、対面による人間関係に集中させることもできるだろう。小学生の段階における心身の健全な発達と安全のためにも、スマートフォンを持たせるべきではないと考える。

序論と結論も自分で書く場合の進め方

序論・出だし p.62

序論・問題提起 p.64

序論・主張 p.64

本論（論証1・2・3） トレーニング済み

１点目は……である。（2点目は……、3点目は……、）、である。… 論証1 論証2 論証3

結論 p.58

p.56で書いた人は……

2本目（選べるテーマ）で、序論（出だし・問題提起）と結論を自分で書きましょう。

進め方： 選べるテーマからテーマを選び、データを見て話し合い立場を決める。

立場に沿って本論（論証1・2・3）を書く（1本目より早く書けます）。

序論、結論を該当ページよりトレーニングする。

コアトレーニング 2 「結論」の書き方を鍛えよう！

「結論」の構成と場所を確認しましょう。

レポートの全体構造　それぞれ何を行うところか確認しましょう！

序論（はじめに／緒言）	出だし	これから何を書くかを読み手に想像させ、引きつける
	問題提起	出だしに対してどのような問題を感じているのかを示す
	主張	自分の立場をはっきり示す
本論	論証	自分の意見が正しいことを証明する（資料を使って説得）
結論（おわりに／結言）		自分が書いてきたことをまとめて、読み手を説得する

結論（おわりに／結言）

- **本レポートの目的（何を行ったか）** →　以上、学力低下の可能性・健康被害抑制・友人関係の複雑化という3つの観点から、小学生のスマートフォン所持の是非について考察した。

- **論証のふりかえり** →　小学生にスマートフォンを持たせないことにより、学力が低下する可能性を減らし、視力低下や睡眠不足という健康被害も軽減することが可能になる。また、保護者や教員が友人関係について把握しやすく、基本的な人間関係構築についての教育的介入がしやすくなる。このように、心身ともに健康な学びの環境や生活環境を維持するためには、小学生のスマートフォン所持は慎重に考えるべきだと言える。

- **今後の課題と展望** →　子どもたちがよりよい環境で生活していくためには、小学生にスマートフォンを持たせるのではなく、異なる手段で子どもを守り学ばせる手段を考えていく必要があると考える。

結論では、**レポートの目的を再確認し**、**本論の内容のまとめ**と、**わかったこと**を書きます。**原則として、本論で触れなかったことは書きません。**

ワーク1　上の結論の中に、論証1・2・3の論点が隠れています。3つの論点を探して、印を付けてください。

「結論」の構造を確認しましょう

❶ 本レポートの目的（何を行ったか）
自分の立場を再確認して目的と方法をまとめる

使う表現

例
- 以上、3つの論点から、〜について考察した。
- 以上、〇〇・〇〇・〇〇という3つの論点から、〜の是非／必要性について考察した。
- 以上の理由から、〜に賛成／反対である。
- これまで、〜について論じてきた。
- 以上3つの論点から、……について述べた／論じた。
- 本レポートでは、……について検討した／考察した。
- このように、〜。

　以上、3つの論点から、小学生のスマートフォン所持の是非について考察した。小学生にスマートフォンを持たせないことにより、学力が低下する可能性を減らし、視力低下や睡眠不足という健康被害も軽減することが可能になる。また、保護者や教員が友人関係について把握しやすく、基本的な人間関係構築についての教育的介入がしやすくなる。このように、心身ともに健康な学びの環境や生活環境を維持するためには、小学生のスマートフォン所持は慎重に考えるべきだといえる。子どもたちがよりよい環境で生活していくためには、小学生にスマートフォンを持たせるのではなく、異なる手段で子どもを守り学ばせる手段を考えていく必要があると考える。

論証のふりかえりのあとに、「まとめ文」を入れるとよい（例：このように〜といえる）

❷ 論証のふりかえり
論証の3つの論点をふりかえりながら、それを選ぶことによるメリットを述べる。

使う表現

例
- 〜により、…できる／可能になる　など

「私」の立場を選ぶと「こんないいことがある」のようなイメージにすると書きやすい。

論証の提示順は前後の関連性を考えて入れ替えてもOK。

3つの論点を述べたあと、「論証のふりかえりのまとめ」の文を入れるとよい（例：このように〜といえる）。

❸ 今後の課題と展望
「❷論証のふりかえり」で終わると突然終了した印象になるため、最後は少し先の未来について考えた文を入れると、うまくまとまりやすい。

| ワーク 2 | 論証の内容のふりかえりを書く準備のために、自分が書いた論証を、論証シートから3つ抜き出しましょう。 |

論証1 [　　　　　　　　　　　　　　　　　　　　　　　　　　　　　　　　]

論証2 [　　　　　　　　　　　　　　　　　　　　　　　　　　　　　　　　]

論証3 [　　　　　　　　　　　　　　　　　　　　　　　　　　　　　　　　]

| ワーク 3 | 自分の結論を書くために論証を整理し、アイデアをメモしましょう。 |

▶目的と方法のまとめ(一文でなくてもOKです)

▶3つの論証の内容のふりかえり

▶今後の課題と展望

パワーアップ！ 名詞化にチャレンジ

文章を簡潔にまとめるために、論点を名詞で並列する書き方があります。
- 以上、〇〇・〇〇・〇〇という3つの論点から、〜の是非／必要性について考察した。

例 | 以上、学力低下の可能性・健康被害抑制・友人関係の複雑化という3つの観点から小学生のスマートフォン所持の是非について考察した。

この表現を上手に使うためには、名詞化トレーニングが必要です。p.104で練習しましょう。

| 課題 | メモをもとにp.144の「結論シート」に結論を完成させましょう。 |

コアトレーニング3 「序論」の書き方を鍛えよう！

「序論」の構成を確認しましょう。

レポートの全体構造　それぞれ何を行うところか確認しましょう

序論（はじめに／緒言）
- 出だし：これから何を書くかを読み手に想像させ、引きつける
- 問題提起：出だしに対してどのような問題を感じているのかを示す
- 主張：自分の立場をはっきり示す

本論　論証：自分の意見が正しいことを証明する（資料を使って説得）

結論（終わりに／結言）：自分が書いてきたことをまとめて読み手を説得する

序論は、レポートの一番初めの部分です。序論では、話題提供とそれに対する問題提起、自分の主張を示します。

序論（はじめに・緒言）

出だし → 近年、スマートフォンの使用を開始する年齢が若年齢化している。令和3年度の総務省の調査によると、小学生（10歳以上）の機器ごとのインターネット利用状況は、スマートフォンでの利用が最も多く53.4％だったという。平成29年度までは、小学生はタブレットでの利用が最も多かったが、平成30年度よりスマートフォンが最多となった。自分専用のスマートフォン所持率（専有率）は、就学前は5％前後であるのに対し、小学生低学年（6～9歳）になると21.4％に上昇する。10歳以上になると63.3％となり、小学生にとってスマートフォンが身近になっていることがうかがえる。

問題提起 → しかし、これらの流れに任せて小学生にスマートフォンを持たせることは、子どものためによいことなのだろうか。本レポートでは、小学生に自分専用のスマートフォンを持たせることの是非について考察したい。

主張 → 私は、小学生にはスマートフォンを持たせるべきではないと考える。理由は以下の3点である。

61

「序論」の構造を確認しましょう

❶ 出だし
今回のテーマの背景を書く
論証にうまくつながっていくような「話題」を提供する
資料を使うとよい（資料を引用するとレポートらしくなる）

「出だし」は様々な書き方ができますが、書き方の例をいくつか提示しています。

- 近年、スマートフォンの使用を開始する年齢が若年齢化している。令和3年度の総務省の調査によると、小学生（10歳以上）の機器ごとのインターネット利用状況は、スマートフォンでの利用が最も多く53.4％だったという。平成29年度までは、小学生はタブレットでの利用が最も多かったが、平成30年度よりスマートフォンが最多となった。自分専用のスマートフォン所持率（専有率）は、就学前は5％前後であるのに対し、小学生低学年（6〜9歳）になると21.4％に上昇する。10歳以上になると63.3％となり、小学生にとってスマートフォンが身近になっていることがうかがえる。

- （しかし、）これらの流れに任せて小学生にスマートフォンを持たせることは、子どものためによいことなのだろうか。本レポートでは、小学生に自分専用のスマートフォンを持たせることの是非について考察したい。

- 私は、小学生にはスマートフォンを持たせるべきではないと考える。理由は以下の3点である。

（ここの関係性が重要 p.64）

❷ 問題提起
テーマに対して自分が感じる疑問を提示する
「出だしの内容」と「自分の主張」との関係性によって、問題提起で使う表現が変わる

使う表現　　　　　　　詳しくはp.64を確認
例　・**出だしの話題**と**主張**が<u>対立関係にある場合</u> → 「しかし／だが」
　　・**出だしの話題**と**主張**が<u>対立関係にない場合</u> → 「このように」など

- 問題提起のあとに、何について考察するか（「本レポートでは、〜について考察したい」）を書く。

❸ 主張
自分の一番言いたいこと、自分の立場を簡潔に示す

序論のポイント ❶ 出だしの書き方例

POINT!

「出だし」の役割
- 読み手の興味を引きつけ、現状を説明する
- 「話題」を提示し、「これから書くテーマ」と「読むときに必要な知識」を読み手に伝える。

出だしの書き方の例を提示しておきます。好きなものを使ってください。

出だしの例	例文
❶ 話題提供＋ 　資料の引用＋ 　資料に対する解釈	大人も子どもも、一度はゲームをしたことがある人が多いだろう。実際に、電車の中でも年齢に関わらずゲームをしている人を多く見かける。子ども家庭庁が行った令和5年度の調査によると、青少年のインターネットの利用内容について聞いた結果、ゲームをすると回答した割合が高かったという。同調査によると、インターネット利用内容（複数回答可）は、「動画を見る」が93.6％で最も高く、「ゲームをする」という回答は85.5％で、2番目に高い割合だったという。このことから、ゲームは若者世代にとってなくてはならないものとなっているといえるだろう。
❷ 呼びかけ＋ 　定義＋ 　資料の引用＋ 　資料に対する考え 　／現状・経験 （＊定義は一般的にあまり聞かない言葉の説明に使う）	「eスポーツ」という言葉を聞いたことがあるだろうか。「デジタル大辞泉」によると、「eスポーツ」とは、主に対戦型のコンピューターゲームで行われる競技のことである。日本貿易振興機構の資料によると、2024年夏から毎年サウジアラビアでeスポーツ・ワールドカップが開催されるという。同国は2030年までにこの分野のGDPを日本円で約2兆円以上に増加させ、3万9,000人規模の新たな雇用機会を創出することを目指しているという。このように、eスポーツは単なるゲームではなく、国の市場や産業を動かすほどの経済効果があるといえる。

出だしは様々な書き方ができます。自分のアイデアを生かしてみてください。資料を使うと、レポートらしくなるので、資料を使うことをおすすめします。論証にうまくつなげられるように内容を考えましょう。書き方は専門分野によっても異なるため、先生に確認したり、論文を確認したりするといいですよ。

序論のポイント ❷ 問題提起の注意点

> **POINT!**
> 「出だし」→「問題提起」→「主張」の書き方は2種類あります
> 「出だしの内容」と「自分の主張」との関係性を見て、問題提起で使う表現を確認してください。問題提起で議論する価値を示しましょう。

　近年、スマートフォンの使用を開始する年齢が若年齢化している。令和3年度の総務省の調査によると、小学生（10歳以上）の機器ごとのインターネット利用状況は、スマートフォンでの利用が最も多く53.4%だったという。平成29年度までは、小学生はタブレットでの利用が最も多かったが、平成30年度よりスマートフォンが最多となった。自分専用のスマートフォン所持率（専有率）は、就学前は5%前後であるのに対し、小学生低学年（6〜9歳）になると21.4%に上昇する。10歳以上になると63.3%となり、小学生にとってスマートフォンが身近になっていることがうかがえる。

【同じ】

このように、テクノロジーの発展に伴い、小学生にスマートフォンを持たせる家庭が増加しており、スマートフォンを持たせる意義について考える価値があると考える。本レポートでは、小学生に自分専用のスマートフォンを持たせることの利点について考察したい。

私は、小学生にスマートフォンを所持させるべきだと考える。理由は以下の3点である。

【反対】

しかし、これらの流れに任せて小学生にスマートフォンを持たせることは、子どものためによいことなのだろうか。本レポートでは、小学生に自分専用のスマートフォンを持たせることの是非について考察したい。

私は、小学生にスマートフォンを所持させるべきではないと考える。理由は以下の3点である。

「**出だしで使う話題**」は、論証1〜3とは違うものを使いましょう。同じ話題を使うと、論証に出てきたときの印象が薄くなります。出だしの資料は、現在の状況・状態を伝えるものにしましょう。

序論は逆三角形のイメージで

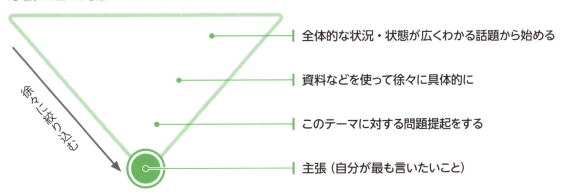

- 全体的な状況・状態が広くわかる話題から始める
- 資料などを使って徐々に具体的に
- このテーマに対する問題提起をする
- 主張（自分が最も言いたいこと）

徐々に絞っていく

ワーク1 「出だし」の話題についてアイデアを書き出してみましょう。話題が決まったら、「出だしの内容」と「主張」の関係を考え、〇に関係性を記号で書き込みましょう（＝ か ⟷ ）。

▶出だし　　　　　　　　　　　▶主張

ワーク2 自分の序論を書くために、アイデアをメモしましょう。

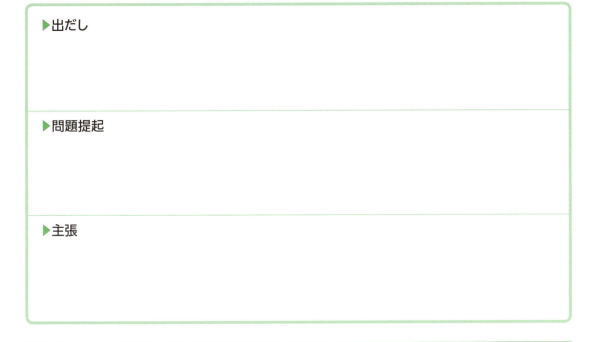

▶出だし

▶問題提起

▶主張

課題 メモをもとにp.145の「序論シート」に序論を完成させましょう。

定義について

ここで、またこの本のレポートのテーマ「地方に住むか、都会に住むか」について考えてみましょう。

皆さんは「地方」と聞いて、どのような場所を思い浮かべましたか。
皆さんは、下の条件は「地方」だと思いますか。
地方だと思うものをチェックしてみてください。

- [ ] 周りに田んぼ・森・川・海がある
- [ ] 自分の家と隣の家が離れている
- [ ] 最も近いコンビニまで車で20分かかる
- [ ] 電車が15分に1本
- [ ] 最も近いコンビニには歩いて5分ぐらいだが、スーパーには車で10分
- [ ] 大型ショッピングモール（例：イオンなど）がある
- [ ] 徒歩圏内に小学校がない
- [ ] 都、道、府、県で一番大きな駅まで電車で30分

いかがでしょうか。隣の人と話し合ってみてください。
まったく同じでしたか？違いましたか？

もし、今回のレポートを、「地方」の認識が違うまま読んでいたらどうでしょう。
　Aさんは、電車が15分に1本あれば「地方」だと思っていないのに、Bさんは「地方」だと思っている……。例えば、Bさんは次から次に電車が来る大都市を「都会」としてイメージしていて、他の場所はすべて「地方」だと思っているかもしれませんね。そして、Aさんは、自然に囲まれる場所で、人も少なく、過疎地のような場所をイメージしているかもしれません。イメージしている場所が大きく違いそうですね。

　文字だけで表現されているものについて、イメージしているものが違ったら、双方の議論がすれ違ってしまいます。
　そのようなことにならないように、レポートでは、前提を共有していることが大切です。
　たとえば、「地方」は、どのような場所を地方として議論するのか、ということをあらかじめ示すのです。

　示し方はいろいろあります。

　たとえば、国土交通省の「総合政策」のページを見てみましょう。そこには「地方」について以下のように書かれています。

「三大都市圏」とは、東京圏、大阪圏、名古屋圏をいう。

「東京圏」とは、首都圏整備法による既成市街地及び近郊整備地帯を含む市区町の区域をいう。

「大阪圏」とは、近畿圏整備法による既成都市区域及び近郊整備区域を含む市町村の区域をいう。

「名古屋圏」とは、中部圏開発整備法による都市整備区域を含む市町村の区域をいう。

「地方」とは、三大都市圏を除く地域をいう。

一方で、総務省統計局のページには、以下のような説明があります。

「大都市」とは，政令指定都市及び東京都特別区部をいいます。

【平成22年変更内容】

平成22年調査では，東京都特別区部及び札幌，仙台，さいたま，千葉，横浜，川崎，相模原，新潟，静岡，浜松，名古屋，京都，大阪，堺，神戸，岡山，広島，北九州，福岡の各市が該当し，これを20大都市として表章しています（下線部分は平成22年に新たに設定）。

このように、定義づけは、単に言葉の意味を示すのが目的ではありません。

書いている人と読んでいる人が、ある概念について同じ認識を持っていると確認してから議論を進めることが目的です。

今回、自分はどのような場所を地方、都会にするか、読み手に示すためにはどのように書きますか。自由に書いてみましょう。

井下（2019、p.101-102）では、定義する必要がある概念は、主題に関わる重要な概念で以下の条件を持つものであると説明されています。

① いくつかの意味や解釈を持つ概念

② 専門性が高く、説明を要する概念

③ 社会的に定着していない概念

④ 略語

今回の「地方」の場合は、①になりそうですね。

そして、井下（2019、p.104）は、定義をするうえでの留意点として、3つ挙げています。

① 関連資料を調べ、正確に定義する。
② 類似した概念の違いや、関連性を整理する。
③ 自分のレポートや論文での位置づけを明確にする。

今回のレポートですべてを一人で行うことは難しいかもしれません。しかし、特に3つ目は強く意識しましょう。定義を調べて写して書くだけでは、皆さんのレポートの中ではどのような意味で使われているのかがわかりません。

たとえば、以下の文章を参考にアレンジして自分なりに書いてみましょう。

定義を挿入する場所ですが、今回は、主張（「私は、〜と考える。理由は以下の三点である」という文章）の前に入れてみましょう。先生の指示がある場合はそちらに従ってください。

> 国土交通省の定義によると、地方とは、三大都市圏を除く地域をいう。三大都市圏とは、東京圏、大阪圏、名古屋圏をいう。この定義によれば、地方の範囲は非常に広く、規模も様々である。本レポートでは、本レポートのイメージする「地方」をより具体的に示すために、都市のデータは東京のデータを扱い、北海道の県庁所在地である札幌以外の資料を「地方」として扱うこととする。

下線のところは、扱う場所に合わせて変更しましょう。

地方の定義が広すぎると、すべての資料を集めて検討することは難しいですね。おそらく皆さんが、自分でレポートや論文を書く際にも、具体的に自分が想定している「地方」があるはずです。それがどのような規模の街・町なのか、読み手が同じイメージを持てることが大切です。

定義の書き方にはさまざまなものがあります。これから皆さんがレポートや論文を書く際に参考になると思いますのでいくつか紹介します。

表現1 ▶ XXXの定義によると、Aとは、〜である／を指す。

> 例 ▶ 国土交通省の定義によると、三大都市圏とは、東京圏、大阪圏、名古屋圏を指す。
> 「地方」とは、三大都市圏を除く地域のことである。

表現2 ▶ XXXの定義によると、Aとは、〜である。Aを指す範囲は非常に広いことから、本レポートでは、aとbに限定して議論を進める。

> 例 ▶ 国土交通省の定義によると、三大都市圏とは、東京圏、大阪圏、名古屋圏を指す。
> 「都市」を指す範囲は非常に広いことから、本レポートでは、都市は東京圏に限定

して議論を進める。

表現3 ▶ XXXの定義によると、Aとは、〜である。Aを指す範囲は非常に広いことから、本レポートでは、aとbを扱うこととする。cは対象としない。

例 ▶ 国土交通省の定義によると、三大都市圏とは、東京圏、大阪圏、名古屋圏を指す。「都市」を指す範囲は非常に広いことから、本レポートでは、都市は東京圏と大阪圏を扱うこととする。名古屋圏は対象としない。

表現4 ▶ XXXの定義によると、Aとは、〜である。Aを指す範囲は非常に広いことから、本レポートでは、aとbを例に取り上げて論じることとする。a／bを取り上げる理由は、〜ためである。

例 ▶ 国土交通省の定義によると、三大都市圏とは、東京圏、大阪圏、名古屋圏を指す。「都市」「地方」を指す範囲は非常に広いことから、本レポートでは、都市は東京圏、地方は北海道を例に取り上げて論じることとする。都市として東京を取り上げる理由は、首都であるため多くの資料で比較基準とされており資料が充実しているためである。地方として北海道を取り上げる理由は、総務省が取り組んだ地方移住お試しプランの候補地とされていたためである。

　単に意味を提示するのではなく、自分のレポート／論文でどのように扱うかが示せるといいですね。表現4のように、理由も添えて書けるとさらに説得力が増します。
　読者に同じ認識を持って読んでもらえるように、しっかり定義しましょう。

【参考文献】
井下千以子 (2019) 『思考を鍛えるレポート・論文作成法 [第3版]』慶應義塾大学出版
国土交通省ホームページ「総合政策：用途・圏域等の用語の定義」https://www.mlit.go.jp/totikensangyo/H30kouji05.html, (参照2024-08-01)

レポート作成で大切なこと

● **必ず全体の構成（流れ）を決めてから書く**
いきなり書きはじめない。

● **自分の論点を決める**
自分が伝えたいことを明確にする。

● **レポートには資料（データ）が必要**
信頼性のある資料（データ）を使う。

● **資料と考察は明確に区別すること**
資料を使うときは必ず引用表現を用い、資料を使って書いていることを表明する。

● **考察（意見）部分は感情的にならず、冷静に**
読み手を納得させるイメージで書く。

● **文末に参考文献を必ず明記する**
読み手が「この資料を読みたい」と思ったら探せるようにする。

● **提出期限を守る**
提出期限に遅れたら、それだけで評価が下がる。

レポートは「人に読んでもらうもの」である

伝わらなければ意味がない ➡ わかりやすい文を書く

▶ 一文は短く（1回読めば意味がわかる文。明解で、文章全体のミスも防げる）
▶ 曖昧な表現を使わない
▶ 無駄な装飾をしない
▶ 読み直す（わかりにくい部分はないか、誤字・脱字はないか、書式はOKか）

コラム1  剽窃とAI頼り切り行為について

穏やかなネコ先生でも絶対に許さない。

剽窃とは、他人の文章や意見を盗んで、自分のものとして発表することです。

剽窃（盗用）行為は、社会的に許されません。場合によっては著作権を侵害する犯罪行為にもなります。

絶対にしてはいけないこと

- 書籍・雑誌・新聞・ウェブサイトなどに掲載された他人の文章や資料を、出典を示さずにそのまま使って（コピー＆ペーストして）レポートや論文を作成すること。
- 他人が作成した文章を自分が書いたように見せかけたり、文末や前後関係など少しだけ変更してレポート・論文を作成したりすること。

多くの教育機関では、剽窃が明らかになった場合、その科目だけではなく学期すべての取得成績・単位が取り消されるなど、重い処分があります。みなさんが受けているクラスではどのような処分になるか確認してメモしておきましょう。

AIについて

考えることや書くことをAIに丸ごと頼るのは禁止です。

たとえば、「なぜここはこのように書いたのか」「ここで使った資料はどこで探したのか」と聞かれても、「AIが書いたからわからない」としか答えられません。これはどのような力があなたについているのでしょうか。

このテキストは、「自分の頭で考えて、相手に伝わるように書く力」を育成することが目的です。最も大切なことを忘れないでください。

提出書式　例①

タイトルは自分で考える

小学生低学年のスマートフォン所持について

14pt・中央揃え

1行空ける

ここから下は10.5pt

段落の始めは1マス空ける

左揃え

右揃え

授業名：○○○○○○

○○学科　99X9999　身体強子

1行空ける

序論

出だし

　近年、スマートフォンの使用を開始する年齢が若年齢化している。令和3年度の総務省の調査によると、小学生（10歳以上）の機器ごとのインターネット利用状況を見ると、スマートフォンでの利用が最も多く53.4%だったという。平成29年度までは、小学生はタブレットでの利用が最も多かったが、平成30年度よりスマートフォンが最も多くなっている。自分専用のスマートフォン所持率（専有率）は、就学前は5%前後であるのに対し、小学生低学年（6〜9歳）になると21.4%に上昇する。10歳以上になると63.3%となり、小学生にとってスマートフォンが身近になっていることがうかがえる。

問題提起

　しかし、これらの流れに任せて小学生にスマートフォンを持たせることは、子どものためによいことなのだろうか。本レポートでは、小学生に自分専用のスマートフォンを持たせることの是非について考察したい。

主張

　私は、小学生にはスマートフォンを持たせるべきではないと考える。理由は以下の3点である。

論証1

根拠＋資料（リード・具体記述）

　1点目は、学力が下がる可能性があるためである。学習意欲の科学的研究に関するプロジェクト（2018）の調査によると、スマートフォン等の使用時間が長いと、成績が低くなる傾向にあるという。同資料によると、2018年に小学5年生〜中学3年生36,603人に行った調査の結果、スマートフォン等を1時間以上使用している子どもの偏差値はいずれも50付近にとどまっているという。本調査では、睡眠時間や学習時間との関連性も調査され、1時間以上スマートフォン等を使用している子どもの学力は、睡眠時間や学習時間の多さに関係なくスマートフォン使用1時間未満の子どもたちと比べ、成績に大きな差が出ている。

まとめ文＋考察

　以上のことから、睡眠や勉強に多くの時間を費やしたとしてもスマートフォンを長時間使用すると学力に悪影響があることがわかる。この調査には、小学生だけでなく中学生も含まれているが、小学生のみ異なる結果が得られることは考えにくい。むしろ、早期にスマートフォンを所持することでこのような悪影響が早い段階で現れ、長期間続く可能性があるだろう。使用時間を減らすためのコントロール

は、子どもの「スマホで遊びたい」という感情にも向き合う必要があり簡単ではない。これからの学びの基礎を作る時期に、スマートフォン由来による学力低下を招くべきではないと考える。

2点目は、…。…（論証2を全部書く）

3点目は、…。…（論証3を全部書く）

以上、3つの論点から、小学生のスマートフォン所持の必要性について考察した。小学生にスマートフォンを持たせないことにより、学力が低下する可能性を減らし、視力低下や睡眠不足という健康被害も軽減することが可能になる。また、保護者や教員が友人関係について把握しやすく、基本的な人間関係構築についての教育的介入がしやすくなる。このように、心身ともに健康的な学びの環境や生活環境を維持するためには、小学生のスマートフォン所持は慎重に考えるべきだといえる。子どもたちがよりよい環境で生活していくためには、小学生にスマートフォンを持たせるのではなく、異なる手段で子どもを守り学ばせる手段を考えていく必要があると考える。

1行空ける

〈参考文献〉

学習意欲の科学的研究に関するプロジェクト（2018）「平成30年度 学習意欲の科学的研究に関するプロジェクト　リーフレット」https://www.city.sendai.jp/manabi/kurashi/manabu/kyoiku/inkai/kanren/kyoiku/documents/h30gakushuiyoku.pdf,（参照 2024-06-06）

警察庁生活安全局人身安全・少年課（2023）「令和4年における少年非行及び子供の性被害の状況」https://www.npa.go.jp/bureau/safetylife/syonen/pdf-r4-syonenhikoujyokyo.pdf,（参照 2023-06-06）

総務省（2022）「令和３年度青少年のインターネット利用環境実態調査」https://www.soumu.go.jp/main_content/000821204.pdf,（参照 2023-06-06）

レポートに使った資料はすべて参考文献リストにのせる

▶ 50音順に並べる または 文献通し番号をつける（このページの例は「50音順」）

▶ 使用した資料の種類に応じた書き方をしましょう

提出書式が指定されている場合は、必ず守って書くようにしてください

▶ 専門（学会）や担当の先生により書式は異なるため、指示に従う。

▶ 書式が指定されていない場合は、標準的な文字の大きさやフォントにする（例：明朝体10.5ポイント）。

提出書式　例②（見出しあり）

タイトルは自分で考える

小学生のスマートフォン所持について　← 14pt・中央揃え

1行空ける

ここから下は10.5pt

段落の始めは1マス空ける

授業名：日本語表現Ⅱ

右揃え　○○学科　99X9999　身体強子

1行空ける

左揃え

＝序論

1.　はじめに

　近年、スマートフォンの使用を開始する年齢が若年齢化している。令和3年度の総務省の調査[1]によると、小学生（10歳以上）の機器ごとのインターネット利用状況を見ると、スマートフォンでの利用が最も多く53.4%だったという。平成29年度までは、小学生はタブレットでの利用が最も多かったが、平成30年度よりスマートフォンが最も多くなっている。自分専用のスマートフォン所持率（専有率）は、就学前は5%前後であるのに対し、小学生低学年（6〜9歳）になると21.4%に上昇する。10歳以上になると63.3%となり、小学生にとってスマートフォンが身近になっていることがうかがえる。　← 出だし

　しかし、これらの流れに任せて小学生にスマートフォンを持たせることは、子どものためによいことなのだろうか。本レポートでは、小学生に自分専用のスマートフォンを持たせることの是非について考察したい。　← 問題提起

　私は、小学生にはスマートフォンを持たせるべきではないと考える。理由は以下の3点である。　← 主張

1行空ける

論証1：見出しのタイトルを付ける　見出しは名詞化

2.　学力低下の可能性

　1点目は、学力が下がる可能性があるためである。学習意欲の科学的研究に関するプロジェクト（2018）の調査[2]によると、スマートフォン等の使用時間が長いと、成績が低くなる傾向にあるという。同資料によると、2018年に小学5年生〜中学3年生36,603人に行った調査の結果、スマートフォン等を1時間以上使用している子どもの偏差値はいずれも50付近にとどまっているという。本調査では、睡眠時間や学習時間との関連性も調査され、1時間以上スマートフォン等を使用している子どもの学力は、睡眠時間や学習時間の多さに関係なくスマホ使用1時間未満の子どもたちと比べ、成績に大きな差が出ている。　← 根拠＋資料（リード・具体記述）

　以上のことから、睡眠や勉強に多くの時間を費やしたとしてもスマートフォンを長時間使用すると学力に悪影響があることがわかる。この調査には、小学生だけでなく中学生も含まれているが、小学生のみ異なる結果が得られることは考えにくい。むしろ、早期にスマートフォンを所持することでこのような悪影響が早い段階で現れ、長期間続く可能性があるだろう。使用時間を減らすためのコントロールは、子どもの「スマホで遊びたい」という感情にも向き合う必要があり簡単ではない。こ　← まとめ文＋考察

れからの学びの基礎を作る時期に、スマートフォン由来による学力低下を招くべきではないと考える。

論証2：見出しのタイトルを付ける　見出しは名詞化

1行空ける

3. 精神面への悪影響

　2点目は、…。…（論証2を全部書く）

4. 友人関係の複雑化

　3点目は、…。…（論証3を全部書く）

論証3：見出しのタイトルを付ける　見出しは名詞化

1行空ける

5. おわりに

＝結論

以上、3つの論点から、小学生のスマートフォン所持の必要性について考察した。小学生にスマートフォンを持たせないことにより、学力が低下する可能性を減らし、視力低下や睡眠不足という健康被害も軽減することが可能になる。また、保護者や教員が友人関係について把握しやすく、基本的な人間関係構築についての教育的介入がしやすくなる。このように、心身ともに健康的な学びの環境や生活環境を維持するためには、小学生のスマートフォン所持は慎重に考えるべきだといえる。子どもたちがよりよい環境で生活していくためには、小学生にスマートフォンを持たせるのではなく、異なる手段で子どもを守り学ばせる手段を考えていく必要があると考える。

1行空ける

参考文献

〈参考文献〉

1) 総務省（2022）「令和3年度青少年のインターネット利用環境実態調査」https://www.soumu.go.jp/main_content/000821204.pdf,（参照 2023-06-06）

2) 学習意欲の科学的研究に関するプロジェクト（2018）「平成30年度 学習意欲の科学的研究に関するプロジェクト　リーフレット」https://www.city.sendai.jp/manabi/kurashi/manabu/kyoiku/inkai/kanren/kyoiku/documents/h30gakushuiyoku.pdf,（参照 2024-06-06）

3) 警察庁生活安全局人身安全・少年課（2023）「令和4年における少年非行及び子供の性被害の状況」https://www.npa.go.jp/bureau/safetylife/syonen/pdf-r4-syonenhikoujyokyo.pdf,（参照 2023-06-06）

まとめ文＋考察　まとめ

まとめ

論証のふりかえり

今後の課題と展望

レポートの**筋トレ**｜トレーニングルーム **1**

小さい1) と2) は左ページのどこにあるか確認しましょう

レポートに使った資料はすべて参考文献リストにのせる

・ 50音順に並べる または 文献通し番号をつける。
・ 使用した資料の種類に応じた書き方をすること。

提出書式が指定されている場合は、必ず守って書くようにしてください

▶ 専門（学会）や担当の先生により書式は異なるため、指示に従う。
▶ 書式が指定されていない場合は、標準的な文字の大きさやフォントにする（例：明朝体10.5ポイント）。

training room 2

ライティング・スキル 編

　トレーニングルーム2では、ライティングに必要な文章のルールや作法について学びます。

　読みやすいレポートを書くためには、一定のルールに従って書く必要があります。これまでの自分の言葉遣いを見直しながら、学びましょう。

1	体づくり	レポート・論文での言葉遣い
2	さらに強化!!	よいレポートにするために
3	栄養ドリンク①	資料検索の方法
4	栄養ドリンク②	参考文献リストの書き方

選べるテーマ集

付録　書くためのタスクシート集
　　▶論証シート　▶結論シート　▶序論シート　▶資料まとめシート　▶評価表例

1 体づくり レポート・論文での言葉遣い

好きな言葉遣いでいいよね。スマホで友だちにメッセージ送るの、めっちゃ速いし、そっちでよくない？

レポートでは、誤解が生じないよう、誰にとってもわかりやすく簡潔に書く必要があります。場面に応じて使い分けましょう。

体づくり❶ 文体／文末表現

重要ポイント！
- レポートには敬意が含まれる表現は使いません。丁寧体（です・ます）も敬語も使いません。
- 文章を書く際は文体を統一させてください。レポートは常体（である・だ）で書きます。丁寧体（です・ます）は手紙やメールなどに使われます。常体と丁寧体の使い分けができるようにしましょう。

レポートでよく使われる表現に書き直してください。

	丁寧体（です・ます）	常体（である・だ）
名詞文	課題です	❶ 課題
	課題ではありません	❷ 課題
	課題でした	❸ 課題
	課題ではありませんでした	❹ 課題
形容動詞文 （な形容詞）	可能です	❺ 可能
	可能ではありません	❻ 可能
	可能でした	❼ 可能
	可能ではありませんでした	❽ 可能
形容詞文 （い形容詞）	低いです	❾ 低
	低くないです	❿ 低
	低かったです	⓫ 低
	低くなかったです	⓬ 低
動詞文	わかります	⓭
	わかりません	⓮
	わかりました	⓯
	わかりませんでした	⓰
文末表現	動くでしょう	❶ 動く
	検証しましょう	❷ 検証
	課題ではありませんか	❸ 課題
	課題ではないでしょうか	❹ 課題

| 練習問題 1 | 文体／文末表現 | 点／16点 |

次の文中の丁寧体に下線を引き、常体に書き直してください。

（1）この映画は前作に比べて観客動員数が少なかったです。

（2）○○新聞社は、年代別の睡眠時間について調べました。

（3）アンケート調査の結果について述べたいです。

（4）本作業は、5分程度で完了する予定でしたが、予想以上に複雑でした。

（5）今後も関係を維持するのは困難です。

（6）記憶力低下の原因は、加齢だけではありませんでした。

（7）レポート作成に苦労する学生は少なくないです。

（8）従来の取り組みを見直す機会ではありませんか。

（9）2017年度の国民所得に対する租税及び社会保障負担の割合は、約25％でした。

（10）相手の意思を確認するべきではないでしょうか。

（11）利用者が増加した原因を考えてみましょう。

（12）アンケート結果からその効果と課題を検証します。

（13）Aに該当する協力者は本地域にはいませんので、この地域では調査を行うことができません。

（14）本調査においては明確な原因はわかりませんでした。

（15）新しく導入するシステムはすべての要件を満たすでしょう。

（16）物価の上昇は日本だけの問題ではありません。

力試し問題1に挑戦してみよう！　p.93

体づくり② 文や単語をつなげる表現

レポートでよく使われる表現に書き直してください。

話し言葉	書き言葉
から、／だから、／なので、	❶
▶大雨が降ったから、洪水が発生した。 ▶大雨で洪水が発生した。なので、多くの学校で授業が休講になった。	▶大雨が降った＿＿＿＿＿＿、洪水が発生した。 ▶大雨で洪水が発生した。＿＿＿＿＿＿、多くの学校で授業が休講になった。
あと、／それと、	❷
▶睡眠不足は、体に悪い影響を及ぼす。あと、心にもよくない影響がある。	▶睡眠不足は、体に悪い影響を及ぼす。＿＿＿＿＿＿、心にもよくない影響がある。
しかも、	❸
▶Aということがわかった。しかも、他の調査でBということもわかった。	▶Aということがわかった。＿＿＿＿＿＿、他の調査でBということもわかった。
でも、／けど、	❹
▶資料を読んだけど、わからなかった。 ▶資料を読んだ。でも、わからなかった。	▶資料を読んだ＿＿＿＿＿＿、わからなかった。 ▶資料を読んだ。＿＿＿＿＿＿、わからなかった。
のに、	❺
▶徹夜でレポートを書いたのに、期限に間に合わなかった。	▶徹夜でレポートを書いた＿＿＿＿＿＿、期限に間に合わなかった。
だって、	❻
▶今日は食事をとっていない。だって、仕事が忙しかったからだ。	▶今日は食事をとっていない。＿＿＿＿＿＿、仕事が忙しかったためである。
AとかBとか	❻
▶数学とか科学とか、理系科目が得意な学生が多くいる。	▶数学＿＿＿＿科学＿＿＿＿、理系科目が得意な学生が多くいる。

補足 「と」も「か」も使えますが、以下のような表現もあります。

AとB → AおよびB	AかB → Aまたは／もしくは／あるいはB
▶現在のところ、乗客および乗務員の安否は確認されていない。	▶質問は電話またはメールで受け付けている。 ▶科学もしくは物理の単位を取得する必要がある。

| 練習問題 2 | 文や単語をつなげる表現 | 点／11点 |

次の文中の話し言葉に下線を引き、書き言葉に直してください。文中・文頭どちらにも注意しましょう。

（1）実習には作業服とか作業帽とかを持参しなければならない。

（2）現地までは2キロメートルである。だから、徒歩で行くことも可能である。

（3）名簿には彼の名前がある。でも、一度も出席していない。

（4）最近は本を読む人が減っているから、倒産する本屋が後を絶たない。

（5）その質問には答えられない。だって、現在協議しているためである。

（6）この製品は他の製品に比べ高いのに、最もよく売れている。

（7）A大学の調査では、睡眠不足の学生が全体の半数を占めることがわかった。あと、B大学でも調査を行ったところ、同様の結果となった。しかも、A大学およびB大学のどちらにおいても、十分な睡眠をとれている学生の割合が3割であった。

（8）連日、猛暑日が続いた。なので、水がよく売れた。

（9）日本社会は高齢化が進んでいる。あと、少子化も深刻である。

（10）食事制限をしているけど、まったく体重が減らないという事例が存在する。

（11）新商品の売れ行きが好調な原因は、割引のキャンペーンである。それと、SNSによる宣伝効果も大きい。

力試し問題2に挑戦してみよう！　p.93

体づくり ③ 量・時間・程度に関する表現

レポートでよく使われる表現に書き直してください。

話し言葉	書き言葉
全然	①
▶その患者は全然食欲がない。	▶その患者は　　　　　　食欲がない。
あんまり／そんなに	②
▶提出課題はあんまり難しくなかった。	▶提出課題は　　　　　難しくなかった。
▶昨年と比べると、アンケート結果はそんなに変わっていない。	▶昨年と比べると、アンケート結果は　　　　　　変わっていない。
ちょっと	③
▶先月よりもちょっと減少している。	▶先月よりも　　　　　減少している。
いっぱい／たくさん	④
▶登録文化財である建物の取り壊しにはいっぱい反対意見がある。	▶登録文化財である建物の取り壊しには　　　　　　の反対意見がある。
▶説明会にはいっぱい市民が参加した。	▶説明会には　　　　　の市民が参加した。
▶Excelでたくさんデータを処理する。	▶Excelで　　　　　のデータを処理する。
▶登録文化財である建物の取り壊しには反対意見がいっぱいある。	▶登録文化財である建物の取り壊しには反対意見が　　　　　ある。
▶説明会には市民がいっぱい参加した。	▶説明会には市民が　　　　参加した。
いきなり	⑤
▶ジョギング中、目の前にいきなり子どもが飛び出してきた。	▶ジョギング中、目の前に　　　　　子どもが飛び出してきた。
▶人口がいきなり増加することを人口爆発という。	▶人口が　　　　　増加することを人口爆発という。
もう	⑥
▶そのテーマはもう研究されている。	▶そのテーマは　　　　　研究されている。

話し言葉	書き言葉
どんどん	❼
▶温度がどんどん上昇する。 ▶日本は高齢化がどんどん進んでいる。	▶温度が　　　　　上昇する。 ▶日本は高齢化が　　　　　進んでいる。
だんだん	❽
▶回答時間がだんだん早くなっている。	▶回答時間が　　　　　早くなっている。
すごい／すごく／めっちゃ／かなり	❾
▶この薬はかなり効果があった。 ▶彼の話はすごくわかりやすい。	▶この薬は　　　　　効果があった。 ▶彼の話は　　　　　わかりやすい。
やっと	❿
▶Aに関する法律がやっと改正された。	▶Aに関する法律が　　　　　改正された。
ずっと	⓫
▶放課後、教室でずっと待っていたが、彼は来なかった。	▶放課後、教室で　　　　　待っていたが、彼は来なかった。
いつも	⓬
▶変化の割合はいつも一定である。	▶変化の割合は　　　　　一定である。
一番	⓭
▶Aと答えた人が一番多かった。	▶Aと答えた人が　　　　　多かった。
もっと	⓮
▶もっと多くの言語を学びたい。	▶　　　　　多くの言語を学びたい。
全部	⓯
▶この手順は全部の実験に適用される。	▶この手順は　　　　　の実験に適用される。

- 「それほど／さほど〜ない」、「まったく〜ない」のような表現はセットで覚えましょう。
- 副詞は感覚的な表現が多いので、レポートでは使いすぎないようにしましょう。
  例：「大勢参加した」
  「大勢」とは、どのくらいの人数でしょうか。「大勢」と感じる人数は、人によって異なるかもしれません。使いたいときは、「数値やデータなどで客観的に示す方法はないか」と考えてみてください。

練習問題 3　量・時間・程度に関する表現

3-1 以下のグラフを見て、「程度」に注目し、書き言葉で説明してみましょう。

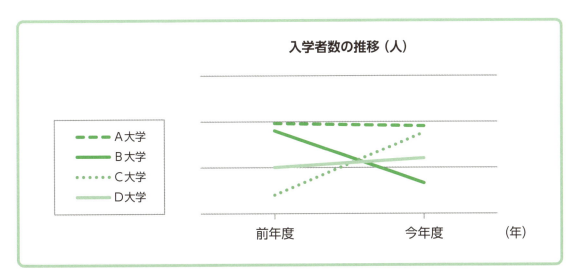

（1）A大学の今年度の入学者数は、前年度と比べ、＿＿＿＿＿＿＿＿＿＿＿＿＿＿＿＿＿＿＿＿。

（2）B大学の今年度の入学者数は、前年度と比べ、＿＿＿＿＿＿＿＿＿＿＿＿＿＿＿＿＿＿＿＿。

（3）C大学の今年度の入学者数は、前年度と比べ、＿＿＿＿＿＿＿＿＿＿＿＿＿＿＿＿＿＿＿＿。

（4）D大学の今年度の入学者数は、前年度と比べ、＿＿＿＿＿＿＿＿＿＿＿＿＿＿＿＿＿＿＿＿。

3-2 次の文中の話し言葉に下線を引き、書き言葉に直してください。

 点／17点

（1）研究チームはやっと目標を達成した。

（2）このモデルには新しい技術が搭載され、もっと安全性が高まった。

（3）彼の話は何度聞いても全然理解できなかった。

（4）インターネット上にはいっぱい意見がある。

（5）この画面は電源を入れると、いつも表示される。

（6）この価格はそんなに高くない。

（7）会議中、社長はずっと沈黙していた。

（8）この結果はすごく残念である。

（9）病状がだんだん回復している。

（10）「あてはまる」と回答した人が一番多かった。

（11）先月末までに在庫は全部売り切れた。

（12）あのリフォームにはめっちゃ費用がかかったのではないだろうか。

（13）一報が届いたとき、首相を乗せた飛行機はもう離陸していた。

（14）運営委員会からいきなりプログラムの変更が発表された。

（15）都市の人口は毎年ちょっとずつ減少している。

（16）ここ数年、物価がどんどん上昇している。

（17）この食品にはたくさん栄養素が含まれている。

力試し問題3に挑戦してみよう！ p.94

体づくり ④ 縮約表現

レポートでよく使われる表現に書き直してください。

話し言葉	書き言葉
～なくちゃ／～なきゃ	①
▶住民に正しく伝えなきゃいけない。	▶住民に正しく　　　　　　　　。
～っていう／～って	②
▶Aっていう言葉は、～っていう意味だ。	▶A　　　　言葉は、～　　　　意味である。
▶調査によると、地震が増加傾向にあるって。	▶調査によると、地震が増加傾向にある　　　　。
～とく	③
▶十分に準備しとくことが重要だ。	▶十分に準備　　　　ことが重要である。
～てる	④
▶現在でも多くの人が反対してる。	▶現在でも多くの人が反対　　　　。
～じゃない／～じゃなくて	⑤
▶AじゃなくてBが正しい。	▶A　　　　Bが正しい。

体づくり ⑤ 指示詞・形容詞

レポートでよく使われる表現に書き直してください。

話し言葉	書き言葉
こんな／そんな／あんな	①
▶こんな状況を改善したい。	▶　　　　状況を改善したい。
▶そんな風に決めつけるのはよくない。	▶　　　　に決めつけるのはよくない。
▶あんな状況では何もできなかった。	▶　　　　状況では何もできなかった。
こういう／そういう	②
▶こういう事故が発生している。	▶　　　　事故が発生している。
だめ・いい	③
▶この部屋に黙って入ってはだめだ。	▶この部屋に黙って入っては　　　　。
▶いい未来を築くために何ができるか。	▶　　　　未来を築くために何ができるか。
いろんな／いろいろな	④
▶いろんな視点から問題を分析する。	▶　　　　視点から問題を分析する。
大事	⑤
▶提出期限を守ることが大事だ。	▶提出期限を守ることが　　　　だ。

練習問題 4 縮約表現   点/7点

次の文中の話し言葉に下線を引き、書き言葉に直してください。

（1）できるかどうか、挑戦してみなくちゃわからない。

（2）行政指導を受けたのはA社じゃなくて、B社です。

（3）この会社の営業部は3つの課で構成されてる。

（4）提出日までに、チェックリストで見直しとこう。

（5）ニュースによると、日本人の睡眠時間は世界でも短いって。

（6）女性が働きやすい環境を整えなきゃ、少子化問題は解決しない。

（7）アポっていうのは、会う約束をするっていう意味です。

練習問題 5 指示詞・形容詞   点/7点

次の文中の話し言葉に下線を引き、書き言葉に直してください。

（1）会議ではいろいろな意見が出された。

（2）自分で考えず、指示を待っているだけではだめだ。

（3）あんな態度を取っていれば、顧客が離れるのも無理はない。

（4）仕事において「報告・連絡・相談」は大事だ。

（5）提出する前に、再度確認したほうがいい。

（6）そんな風に伝えても、相手には伝わらない。

（7）こういう状況のなか、国境を越えた協力が求められている。

力試し問題4に挑戦してみよう！ p.94

体づくり ⑥ 連用中止

レポートでよく使われる表現に書き直してください。

	「て／で」	連用中止
動詞文	AとBとを比較して、	❶ AとBとを比較＿＿＿＿＿、
	Aの数値は4から8になって、	❷ Aの数値は4から8に＿＿＿＿＿、
	賛成する人が87名いて、	❸ 賛成する人が87名＿＿＿＿＿、
	～という意見を述べていて、	❹ ～という意見を述べ＿＿＿＿＿、
	～を入れないで、	❺ ～を入れ＿＿＿＿＿、
	理解できなくて、	❻ 理解でき＿＿＿＿＿、
形容詞（い形容詞）	復習しないで	❼ 復習＿＿＿＿＿
	AはBより多くて、	❽ AはBより多＿＿＿＿＿、
	AはBより多くなくて、	❾ AはBより多＿＿＿＿＿、
形容動詞（な形容詞）	簡単であって／簡単で、	❿ 簡単＿＿＿＿＿、
	簡単ではなくて、	⓫ 簡単では＿＿＿＿＿、
名詞	70%は男性であって／男性で、	⓬ 70%は男性＿＿＿＿＿、
	多かったのは女性ではなくて、	⓭ 多かったのは女性では＿＿＿＿＿、

- 連用中止の形を使うと、文が長くなる傾向があります。文が長くならないように十分気を付けましょう。

| 練習問題 6 | 連用中止 | | 点／13点 |

次の文中の話し言葉に下線を引き、書き言葉に直してください。

（1）飛行機と新幹線の料金を比較して、飛行機を選択した。

（2）資料を使わないで、レポートを作成した。

（3）自然界では、草食動物は肉食動物より多くて、食物連鎖のバランスが維持されている。

（4）操作方法は簡単で、容易に理解できる。

（5）日本の鉄道の電化率は約67%で、世界的にも高い。

（6）交通信号は横型だけではなくて、縦型もある。

（7）よく食べて、よく遊んで、よく眠ると、成長ホルモンが多く分泌される。

（8）今年は寒い日が少なくて、雪も降らなかった。

（9）桜の「標準木」が5〜6輪咲いて、開花宣言が行われた。

（10）識者が「疑問がある」という意見を述べていて、結論が出ていない。

（11）小テストがわからなくて、点数を落とした。

（12）日本では年間800万台以上の乗用車が生産されていて、国の重要な産業となっている。

（13）客観的に見ると、物事は複雑ではなくて、単純なことがある。

力試し問題5に挑戦してみよう！　p.95

90

体づくり 7　さまざまなルール

レポートでよく使われる表現に書き直してください。

重要ポイント！

- レポートや論文の文章の3原則
  - ▶あいまい表現を使わない　→　明解に書く
  - ▶感情を入れない　→　冷静に伝える
  - ▶余分な装飾をしない　→　できるだけ簡潔に

文の途中で終わらない

✗ 支持者が多かったが……。

① 支持者が多かったが、＿＿＿＿＿＿＿＿。

名詞（体言止め）で終わらない

✗ 入学者数が最も多かったのはA大学。
✗ AとBが対立。
- 新聞では多いが、レポート・論文では使わない。

② 入学者数が最も多かったのは＿＿＿＿＿＿＿＿。
③ AとBが対立＿＿＿＿＿＿＿＿。

「ら抜き言葉」・「れ入れ言葉」「さ入れ言葉」は使わない

✗ 何でも食べれる。
✗ 辞書なしで読めれる。
✗ 患者を無理に歩かさせる。

④ 何でも＿＿＿＿＿＿＿＿。
⑤ 辞書なしで＿＿＿＿＿＿＿＿。
⑥ 患者を無理に＿＿＿＿＿＿＿＿。

「〜そうだ／ようだ／らしい」は使わない　あいまい

✗ 学生の参加者はいなかったそうだ／ようだ／らしい。

⑦ 調査に＿＿＿、学生の参加者はいなかった＿＿＿。
- 引用表現を用いて情報源を明記する。

終助詞「ね／よ／な」は使わない　感情

✗ A案に賛成する人が増えているよ。

⑧ A案に賛成する人が＿＿＿＿＿＿＿＿。

「？」・「！」など感情を伴う記号は使わない　感情

✗ 私は大変驚いた！

⑨ 私は＿＿＿＿＿＿＿＿。

「思う／感じる」は使わない　感情

✗ 貴重な経験だと思う。

⑩ 貴重な経験であると考える。

敬語・敬意の含まれる表現は使わない　感情

✗ 「はい」と答えた方は56%であった。
✗ ご家族と同居するご老人に伺った。
✗ 山本教授は2012年に発表した論文で次のようにおっしゃっている。

⑪ 「はい」と答えた＿＿は56%であった。
⑫ ＿＿＿と同居する＿＿＿に＿＿。
⑬ 山本＿＿＿＿＿＿＿＿。
- レポートでは新聞などを引用する場合、「〜氏・〜教授」は許容されることもある。論文引用の際は使わない。

- 「やる」は口語的なので、レポートでは使わない。　→　する／行う／実施する
- 漢字よりひらがなで書いたほうがいい言葉　→　とき／こと／もの／できる／わかる／ため　など

| 練習問題 7 | さまざまなルール | 点／14点 |

次の文の中の論文やレポートでは使わない表現に下線を引き、書き直してください。

（1）多くの人が反対してるけど……。

（2）A案については賛成が86％、反対が14％。

（3）B社の社長さんは、報道の件について社内調査中であるとおっしゃった。

（4）次の実験に来れない可能性がある。

（5）言うのは簡単だけど、実施するのは簡単じゃない！

（6）谷川先生が2002年に発表された論文によると、納豆は生活習慣病の予防に効果があるそうだ。

（7）レポート執筆に苦手意識を感じる学生は多いのではないでしょうか？

（8）申し込み、全部オンラインで可能だよ。

（9）この商品は災害の際、そのまま飲めれる。

（10）自家用車の所持は環境への悪影響があると思う。

（11）アンケートに回答してくださった方は100名であった。

（12）天気予報によると、来週は気温が高くなるらしい。

（13）事件の詳細については未だ不明。現在調査中。

（14）この規則はカードを取得されたご老人にのみ適用される。

力試し問題6に挑戦してみよう！　p.95

力試し問題に挑戦しましょう

力試し問題 1　下記の文章を書き言葉に直してください。

　先日、海外で日本食レストランが増加しているというニュースを見ました。日本の食品の輸出も年々増えており、果物や水産物、肉などの人気も高いといいます。私はそのニュースを見たあと、小学生のときに受けた授業を思い出しました。その授業は「食」に関する内容で、日本料理の材料の産地を班で調べて発表するものでした。私たちの班は「天ぷらそば」について調べましたが、そばもエビも小麦も醤油に使われている大豆も外国産が多かったです。寿司やラーメンなど、他の班の発表も同じでした。私はそれまで、自分が食べているものの産地を意識したことがありませんでした。私たちが日本で食べているもののうち、日本産のものは多くないです。しかし、日本の食品の輸入依存度を知っている日本人は少ないでしょう。今の日本は、国内では外国産の材料で作られた日本料理を食べ、国産の食品を輸出している状態ではありませんか。世界情勢や災害などによって、外国から食料が届かなくなればどうなるか私たちは本当に理解できているでしょうか。さらに言えば、家畜飼料や肥料の大半は輸入品です。日本食が世界の人に支持されるのはうれしいですが、国民一人ひとりが食糧自給率について真剣に考える必要があるのではないでしょうか。まずは、買い物の際に原材料の確認することからはじめましょう。

力試し問題 2　下記の文章を書き言葉に直してください。

　日本のランドセルが海外で注目されています。日本に来た外国人旅行者が、子どもへのお土産とか大人用のファッションアイテムとして買って帰ることが多いといいます。ランドセルが注目されるようになった理由の一つには、日本の漫画とかアニメとかの影響があると考えられます。だけど、最も大きな要因は、その実用性の高さにあるという。まず、ランドセルは6年間使い続けても壊れないほど丈夫で、軽いです。あと、本とかノートとかの荷物が多く入ります。しかも、最近は色の種類も豊富で、手入れも簡単です。なので、免税店でもランドセルを売っているところが多くあります。

力試し問題 ③ 下記の文章を書き言葉に直してください。

　働きながら資格取得を目指すのは、そんなに簡単なことではありません。私は、社会人1年目は全然準備が足りていませんでした。試験の出題内容を網羅するにはたくさんの時間が必要ですけど、平日は仕事があるから、昼間ずっと勉強することは不可能です。少しでもたくさんの勉強時間を確保するために、毎晩机に向かうようにした。でも、2年目もちょっとだけ合格点に及ばなかった。もう合格した先輩から勉強は朝にしたほうがよいとアドバイスをもらい、毎朝1時間早く起きる生活に切り替えた。結果的に、私にはこれが一番効果的な方法でした。仕事のあとの疲れた頭で勉強するより、朝1時間集中したほうがもっと集中でき、学習を効率よく進めることができました。今年、やっと合格することができ、すごくうれしく思っています。

力試し問題 ④ 下記の文章を書き言葉に直してください。

高齢ドライバーの交通事故について

99X9999　身体強子

　最近、高齢ドライバーによる交通事故のニュースかなり多いです。警察庁のデータによると、2018年に75歳以上のドライバーが起こした死亡事故は460件で、前年に比べて1割増加してるって。あと、事故全体に占める高齢運転者の割合も増加し続けてて、2009年は12.2%だったのに対し、2018年は18.0%でした。あと、「人的要因別にみた高齢運転者交通事故発生状況」を見ると、「発見の遅れ」が一番多く、全体の81.5%を占めてます。

　いくら運転に自信があっても、だんだん年を取ると身体機能の変化により、危険の発見が遅れたり、操作を誤ったりすることもあるでしょう。こんな状況を見ると、高齢の運転免許保有者に対する検査をもっと厳しくしなくちゃいけないって考えます。でも、それだけじゃなくて、安全運転サポート車の普及とか自動運転技術の発展とかが、安全で暮らしやすい生活を実現するためには大事じゃないでしょうか。

力試し問題 ⑤ 下記の文章を書き言葉に直してください。

　○○新聞（2021年3月18日）によると、朝ご飯を食べないと、イライラしたり、集中できなかったりするなど、一日の活動に悪い影響を与えるという。朝ご飯で一日のエネルギーをとることができなければ、勉強に集中できなくて、成績が下がってしまうこともあるだろう。文部科学省（2019年度）は、小学校6年生と中学校3年生を対象に朝ご飯を食べる人と食べない人の学力調査の平均正答率の違いを調査した。その結果、朝食を毎日食べる人の国語の平均正答率は65.6％で、全く食べない人の平均正答率は45.3％であった。また、算数の正答率も、朝食を食べる人ほど高くて、食べない人は低かった。中学生3年生を調べた結果でも、朝食を毎日食べる人のほうが正答率が高くて、全く食べない人は正答率が低かった。つまり、朝ごはんを食べているグループは、活動に集中できていて、よい成績につながっている可能性がある。しかし、朝ごはんを毎日食べるためには、食べることを考えるだけではなくて、規則正しい生活をすることが大切である。早く寝て早く起きなければ、朝ごはんを食べる時間を確保できない。食事に必要なのは、十分な栄養とゆっくり食べる時間で、栄養豊富で簡単な朝ごはんこそ理想の朝ごはんである。多くの人が短い時間で食べられて、栄養のある朝ごはんをインターネットなどで紹介して、朝食を食べる児童生徒の数を増やす必要があるのではないだろうか。

力試し問題 ⑥ 下記の文章を書き言葉に直してください。

　一生懸命勉強することはめっちゃ大変。勉強だるいって思ってる人もいると思う！　確かに、好きなことできれば一番いいかもしらんけど、好きなことある人のほうが少なくない？　私は好きなことあるっていう前提で話されるとすごく困ります。なんでかっていうと、好きなこと見つけれてないからです。あと、勉強ばっかりしてるとバイトする時間も遊ぶ時間もないです！　そんな学生生活ぜんぜんおもんないし、バイトとか遊びとかから勉強できることもあるんじゃない？　遊んでばっかりはよくないと思うけど、勉強しすぎもあんまりいいことじゃないでしょう。大事なのはバランスじゃないかなと思う。そんな風に考えると、自分が遊んでて楽しいことと勉強が結びついたら、すごくおもろいかもね。

2 さらに強化!! よいレポートにするために

論証の書き方？　一回やったからいいんじゃない？

テーマや資料、指定字数によって、どのように伝えるかが少しずつ異なります。考えて書けば書くほど上手になります！　書くスピードもアップしますよ！　要点のまとめ方については、p.102も見てください。

さらに強化!! ① 論証の書き方

1 あなたは「自家用車を持つべきではない」という立場でレポートを書いています。以下の資料を使って、根拠に合った**リード・具体記述**を作成してください。

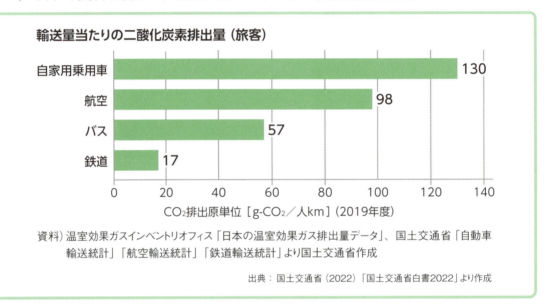

輸送量当たりの二酸化炭素排出量（旅客）

- 自家用乗用車　130
- 航空　98
- バス　57
- 鉄道　17

CO_2排出原単位［g-CO_2／人km］（2019年度）

資料）温室効果ガスインベントリオフィス「日本の温室効果ガス排出量データ」、国土交通省「自動車輸送統計」「航空輸送統計」「鉄道輸送統計」より国土交通省作成

出典：国土交通省（2022）「国土交通省白書2022」より作成

　一点目は、自家用車は地球温暖化を加速させる要因となるためである。国土交通省（2022）によると、自家用車は他の交通手段に比べ二酸化炭素を多く排出するという。同資料によると、

2 ｜ 1の根拠・リード・具体記述に続けて、**まとめ文・考察**を作成してください。

メモ

3 あなたは「小学生にはスマートフォンを持たせるべきではない」という立場でレポートを書いています。以下の資料を使って、根拠に合った**リード・具体記述**を作成してください。

SNSの頻繁な利用「若者に重大なリスク」
米公衆衛生トップが警鐘

　米保健福祉省（HHS）のマーシー医務総監は23日、勧告書でSNS（交流サイト）には若者のメンタルヘルスに悪影響を及ぼす「重大なリスク」があると警鐘を鳴らし、さらなる研究と規制の検討を呼び掛けた。SNSの未成年への影響を踏まえ、米国全体で規制論が一層強くなる可能性もある。

　SNSの利用は共通の趣味や価値観を持つ人と交流できるなどポジティブな側面もある。半面、SNSを1日平均3時間以上使う若者はうつ病のリスクが倍増すると警告した。

　マーシー氏は米国の公衆衛生政策を統括する。勧告書で「10～19歳の若者は脳が発達段階にある」と指摘。10～19歳の若者はリスクの高い行為を取る傾向にあるほか、うつ病をはじめとした心の病にもかかりやすいと説明した。

　勧告書は「アイデンティティーや価値観が形成される思春期初期は、脳の発達が社会的圧力や仲間の意見、仲間との比較に特に影響を受けやすい」として、SNSの頻繁な利用が若者の感情や衝動に影響する可能性があると指摘した。

　マーシー氏は若者向けのSNSコンテンツに規制をかける必要性を訴えた。暴力行為、薬物の使用、自殺に関連した内容を規制し、年齢に応じたコンテンツを提供するための法整備が必要だと勧告した。

出典：「日本経済新聞」2023年5月24日夕刊

一点目は、子どもの精神面への悪影響である。

4 **3**の根拠・リード・具体記述に続けて、まとめ文・考察を作成してください。

5 あなたは「小学生にはスマートフォンを持たせるべきではない」という立場でレポートを書いています。以下の資料を使って、根拠に合った**リード・具体記述**を作成してください。

ネットいじめ2万件超　小中高いじめ61万件　昨年度最悪
自治体、通報アプリ導入

　2021年度に全国の小中高校などで認知したいじめが過去最多の61万5351件だったことが27日、文部科学省の「問題行動・不登校調査」で分かった。SNS（交流サイト）などを通じ嫌がらせを受ける「ネットいじめ」も認知件数が初めて2万件を超えた。ネットいじめは海外でも社会問題となっている。被害の早期発見に向けSOSを察知する通報制度の整備が急がれる。

被害見えにくく

　「LINEでうわさを流された」。名古屋市立中学1年の女子生徒は20年11月、多いときで約100人が参加するLINEのグループで複数の生徒から、からかうような文言を書き込まれた。女子生徒は教員らに悩みを相談していたが、21年3月に自殺した。

　市教育委員会は7月、弁護士らでつくる第三者委員会の調査結果を公表した。「精神的な苦痛を感じたことは明らか」とし、いじめと認定した。自殺の時期とずれていたことから自殺の原因とは断定しなかった。

　21年度のネットいじめの認知件数は2万1900件で、調査を始めた06年度（4883件）の4.5倍に増えた。対面でのいじめを含めた全体の件数に占める割合は中学生で10%、高校生で17%だった。スマートフォンの所持率の上昇に伴って、ネットいじめが増える傾向にある。

　新型コロナウイルスの影響で子ども同士の接触が減るなか、ネットの使用時間が延びた影響もあるとみられる。同省担当者は「SNS上でのいじめは被害が顕在化しにくい」とし、各教育委員会に調査結果を周知する。

　ネットいじめは英語で「cyberbullying（サイバーブリング）」と呼ばれ、海外でも問題視されている。英ロンドン・スクール・オブ・エコノミクスの調査では、欧州16カ国のネットを利用している9〜16歳のうち平均14%がネットいじめの被害に遭っていた。

米で通報手軽に

　同調査はネットいじめについて「一つの言動が大きな集団に広まる可能性があり、子どもの健康に甚大な影響を与えかねない」と懸念を示す。

　対策として、教員や親や子どもへの啓発活動とともに各国で重視されているのが通報システムの整備だ。米国では14年に民間企業が通報アプリ「ストップイット」を開発。チャットで手軽にやりとりできるのが特徴で、カナダやオーストラリアなど7カ国に広がった。

日本でもネットいじめの早期発見に向け、各自治体が通報アプリの導入を急ぐ。千葉県柏市は17年度に導入し、22年度は小学6年から高校生まで市立の約60校が利用する。小中学生が1人1台持っているデジタル端末でも使いやすいように改良し、これまでに寄せられた通報・相談は累計で800件を超えた。

　送り手が了承すれば匿名で学校と情報を共有する仕組み。市担当者は「個人を特定できなくても『もしかしたらこの子かもしれない』と教員が気をつけて見ることができる」と効果を実感する。（後略）

出典：「日本経済新聞」2022年10月28日朝刊

2点目は、スマートフォンの所持がネットいじめを助長する可能性があるためである。

「日本経済新聞」2022年10月28日の記事によると、

要約のポイント

資料に書いてあること、そのままコピーしたほうが正確じゃない？まとめ直すのめんどうだ……。

そのままコピーをすると、長すぎたり、主張とは関係ない情報が入っていたりします。そのような場合、とても読みにくくなってしまいます。わかりやすく伝えるための「要約力」を手に入れましょう！

　p.42の雪だるまを見てください。顔の部分に注目してください。この部分は、資料のポイントについて説明する部分です。

　　1点目は、学力が下がる可能性があるためである。学習意欲の科学的研究に関するプロジェクト（2018）の調査によると、スマートフォン等の使用時間が長いと、成績が低くなる傾向にあるという。同資料によると、2018年に小学5年生〜中学3年生36,603人に行った調査の結果、スマートフォン等を1時間以上使用している子どもの偏差値はいずれも50付近にとどまっているという。本調査では、睡眠時間や学習時間との関連性も調査され、1時間以上スマートフォン等を使用している子どもの学力は、睡眠時間や学習時間の多さに関係なくスマートフォン使用1時間未満の子どもたちと比べ、成績に大きな差が出ている。
　　以上のことから、睡眠や勉強に多くの時間を費やしたとしても、スマートフォンを長時間使用すると学力に悪影響があることがわかる。この調査には、小学生だけでなく中学生も含まれているが、小学生のみ異なる結果が得られることは考えにくい。むしろ、早期にスマートフォンを所持することで、このような悪影響が早い段階で現れ、長期間続く可能性があるだろう。使用時間を減らすためのコントロールは、子どもの「スマホで遊びたい」という感情にも向き合う必要があり簡単ではない。これからの学びの基礎を作る時期に、スマートフォン由来による学力低下を招くべきではないと考える。

　資料について、「それ、どんな話？　簡単に教えて！」と言われたら、どう説明しますか。リード文のところを見てください。ここがその部分になりそうですね。しかし、これだけで終わってしまうと、「え？　でも、どんな人にどんな調査をしてそれがわかったの？」ともう少し聞きたいですね。その部分を書くことが大切です。
　ただ、そのときに、資料に書いてあることをそのまま書くと、長すぎて要点がわからなくなってしまいます。みなさんのレポートや論文を読む相手は、その資料そのものを読む機会はありません。資料内容の重要なポイント（簡単に伝えたこと）が伝わる部分はどこでしょうか。相手があなたの回答を「聞いて理解できる」ぐらいの長さを意識して書いてみましょう。

活動1 自分が選んだ資料（できるだけ長い文章で書かれているもの）を1つ選び、「どんな話？ 簡単に教えて！」と言われたらどう回答するか、下に書いてみましょう。

 活動2 その資料について「何でそれがわかったの？ 何したの？」と質問されたときに、相手が「聞いてだいたいわかるように」情報を伝えてください。

POINT!

このことを意識して、書くときは雪だるまページ (p.42) を見ながら書きましょう。きっと読みやすくなりますよ。

さらに強化!! ❷ 名詞化

名詞化？　なんでそんな練習必要なの？　言いたいことがわかればいいじゃない。

レポートでは文章が長くなるのを避けるため、短く書く工夫がされます。名詞化もその方法の一つです。名詞化はタイトルや発表スライドなどにも使われます。同じ内容でも様々な言い方ができると、表現の幅が広がりますよ！

結論

以上、 学力低下の可能性・健康被害・友人関係の複雑化 という3つの観点から、小学生のスマートフォン所持の是非について考察した。小学生にスマートフォンを持たせないことにより、…

- 論証 1　学力が低下する可能性がある ➡ 学力低下の可能性
- 論証 2　健康への被害がある ➡ 健康被害
- 論証 3　友人関係が複雑になる ➡ 友人関係の複雑化

「名詞化」のルールを確認しよう

変化したところにしるしをつけましょう

❶ 動詞を同じ意味の漢語にする
- 自家用車の販売台数が減った ➡ 自家用車の販売台数の減少

  日本語には和語と漢語があります。和語「増える」＝漢語「増加」　和語「幸せ」＝漢語「幸福」

❷ 動詞の連用形を使う　　参照　連用中止 p.89
- GPS端末によって子どもを見守る ➡ GPS端末による子どもの見守り

❸ 形容動詞＋「化」
- 友人関係が複雑になる ➡ 友人関係の複雑化

❹ 形容動詞＋「性」
- 個人情報が流出する危険がある ➡ 個人情報流出の危険性

❺ 形容詞・形容動詞＋「さ」
- コミュニケーションが大切である ➡ コミュニケーションの大切さ

名詞化にともなう助詞・助詞相当句の変化を確認しよう

- 「が／を」 ➡ 「の」
- 「へ／に」 ➡ 「への」
- 「と／で／から／まで」 ➡ 「との／での／からの／までの」
- 「において」 ➡ 「における」
- 「に対して」 ➡ 「に対する」
- 「に関して」 ➡ 「に関する」
- 「によって／より」 ➡ 「による」

練習問題 1　名詞化　［　点／33点　

p.104で学んだルールを用いて、短く書き換えましょう。

（１）データを比べる ➡
（２）技術者を育てる ➡
（３）レポートを出す ➡
（４）公共交通機関を整える ➡
（５）発表資料を確かめる ➡
（６）外国人労働者を受け入れる ➡
（７）信頼できる情報を選ぶ ➡
（８）カーシェアリングが便利なこと ➡
（９）品質をよくする ➡
（10）スライドを作る ➡
（11）子どもがスマートフォンを使う ➡
（12）若者が地方移住に関心がある ➡
（13）会社で多様な人材を使う ➡
（14）睡眠不足によって集中力が低くなる ➡
（15）両親と意見が違う ➡
（16）「ネット依存」の年齢が若くなっていること ➡
（17）実習において学生が学ぶ ➡
（18）急激に円安が進む ➡
（19）口頭で情報を伝える ➡
（20）大雨によって電車が遅れた ➡
（21）教育に関して予算を減らす ➡
（22）休憩時間を短くする→
（23）学習アプリを使うことによって学力が高まる ➡
（24）職場で意思疎通が難しい ➡
（25）待機児童問題に関して自治体が取り組んでいる ➡
（26）日本において自動車産業が重要なこと ➡
（27）大雪によって電線が切断された ➡
（28）欧州において洋上風力発電プロジェクトが拡大している ➡
（29）スマホの使用により子どもの友人関係が複雑になること ➡
（30）LNGに関して情報を集める ➡
（31）外国人児童生徒に対して支援体制を充実させる ➡
（32）売り上げが減少したことによって経営が悪くなった ➡
（33）太陽光パネルを設置することに関して調査を行う ➡

栄養ドリンク❶ 資料検索の方法

 お母さんやみんなも「Aだって」言ってたから、このレポートの主張もA！

 …ダメ子さんのお母さんは何者なのでしょうか？「みんながそう言っている」の「みんな」とは？身の回りの大多数の意見＝正しいこととは限りませんし、主張の理由もわかりませんね。主張の理由が具体的にわかる資料が欲しいですね。

 資料？ ネットで検索して一番上のでいいでしょ。ほら。

 上に表示される資料＝信頼できる資料とは限りませんよ。広告を目的とした情報もたくさんあります。誰にでも簡単にたどりつける資料では、あまりよいレポートは書けません。信頼できるよい資料をじっくり探しましょう！

POINT!

信頼性の高い資料を探す
根拠に説得力を持たせるために、資料を探します。レポートにはよい資料が必要です。まずは、資料を探すための準備をしましょう。

課題1　資料を探すために使うキーワードをできるだけ多く書き出しましょう。キーワードの種類が少ないと、資料が探せません。

＊配布された資料を使う場合は資料の番号を書いておきましょう。資料の種類も書きましょう（例：交通事故件数のデータ　警察庁、政府統計、交通安全協会、新聞記事など）。

根拠	探すためのキーワード（類義語や関連語彙など）	資料の種類
根拠1：		
根拠2：		
根拠3：		

根拠	探すためのキーワード（類義語や関連語彙など）	資料の種類
予備の根拠4：		
予備の根拠5：		

▶資料を探す際の注意点

合格資料
1. 書籍
2. 論文
3. 新聞
4. 学術雑誌
5. 政府のホームページ・資料
6. 事典・辞典

不合格資料
1. ウィキペディア（Wikipedia）
   （Wikipediaページの元の出典を見る）
2. ネットニュースなどからの新聞記事
   （元の新聞記事を探すこと）
3. 個人のブログ
4. ネットのQ&Aサイトやまとめサイト

 インターネットの情報は匿名性が高い（誰が書いたのかわからない）ため、信頼性が低い

例
ウィキペディア
（無料のインターネット百科事典）
↓
誰でも自由に記事を執筆、編集することができる

 対策

▶だれが（どこが）発信しているか、サイトの運営者を確認！

〇 政府などの公の機関や専門機関、研究者が発表したもの
　→ **信頼性あり**

✗ 個人のホームページや運営者がわからないもの
　→ **信頼性なし**

ドメインを確認しよう！

.go.jp 政府機関など	.ac.jp 大学・研究機関など	.or.jp 会社以外の法人
.ed.jp 大学以外の教育機関	.org 非営利団体	.pref 各県サイト
.net ネット関連団体	.co.jp 一般的な会社	.com 一般的な商業組織

▶出典（参考文献）の表示はあるか → あればその情報源を実際に確認する
▶本などの出版物で裏付けを取る → 出版物のほうがインターネットよりも信頼性が高い

▶インターネットを使って情報を集めてみよう！

学校や地域の図書館の「データベース」・「リンク集」を使いましょう。

主な検索ツール

- 図書館蔵書 ➡ OPAC
- 事典・辞典 ➡ Japan Knowledge
- 新聞記事 ➡ 日経テレコン21、朝日新聞クロスリサーチ、毎索、ヨミダス
- 雑誌記事 ➡ 日経BP記事検索サービス
- 論文 ➡ J-STAGE、Google Scholar、CiNii

その他便利なページ

- 白書 ➡ 首相官邸ホームページ資料集　http://www.kantei.go.jp/jp/hakusyo/index.html
- 国勢調査など ➡ 総務省統計局ホームページ　http://www.stat.go.jp/index.htm
- 政府統計 ➡ e-Stat　http://www.e-stat.go.jp/SG1/estat/eStatTopPortal.do

探し方のコツ

▶資料検索5つのチェック

- ☐ 信頼性の高い資料を探せたか
- ☐ 再度同じ資料が探せるように資料情報（新聞の日付・URL等）をメモしたか
- ☐ 資料の引用したい部分は、ページ数がわかるようにしたか
- ☐ 様々なキーワードや検索先を使って資料を探したか（簡単にあきらめない）
- ☐ 様々な立場の資料を読みながら根拠や意見を考え、立場についてよく検討したか

◆自分で資料を探すときは、資料の情報を必ずメモして残しておいてください。参考文献リスト作成のために必要です。
◆インターネットの情報は変更される可能性がありますので、情報を保存しておくことをおすすめします。

メモする内容
著者、書籍・雑誌・論文タイトル名、出版年、ページ、出版社、インターネットサイト名、URLなど

参照　参考文献リストの書き方 p.111

資料探しをしながら、考える力を磨きましょう。詳しくは次のページのコラムを読んでください。

コラム2　資料探しは行ったり来たり

　自分の意見に合った資料がすぐに見つからないこともあります。しかし、「あ、この資料は自分とは違う立場の資料だな」と思っても、ページをそのまま閉じるのはちょっと待ってください。そのテーマについて多角的に考えるきっかけになったり、資料をさらに探しているうちに自分の考えが変わり、別の立場を取りたくなることもあります。保存しておきましょう。その際は、ファイル名やフォルダでどのような立場かわかるようにしておくとよいですね。

　資料を見て考えを深めた結果、立場が変わることは悪いことではありません。資料探しは、まさにそこがポイントです。自分に都合のよい資料を短時間で見つけることが目的ではありません。資料探しの過程で**様々な情報に触れ、自分の意見と照らし合わせて考えを深めること**が大切です。

政府の資料とか論文とか、難しすぎるイメージなんだけど……。

確かに、なじみがないので難しいイメージがありますね。まずは新聞記事から始めてもいいでしょう。その際に、調査名や研究者名が出てくることがあります。記事でどのような研究と結果が注目されているかつかんでから、研究者名やキーワードで検索して読むのもいいですね。
また、論文は、最初の段階ではすべて細かく理解する必要はありません。論文のはじめにある要約（要旨）と結論を読んで全体を把握するところから始めましょう。実は、論文は形式が決まっているので慣れてしまえば読みやすいんですよ。

論文・専門書籍の参考文献ページは、芋づる式につながる興味の扉！

　テーマについて関係する論文や書籍の参考文献を見てみると、様々な論文・書籍・調査が挙げられています。そこに注目すると「あ、これは別の論文でも挙げられていた本だ。重要なのかな」「このタイトル、おもしろそう」「この年にこんな名前の政府調査があったのか。最近の年のもあるかな」など、次の探索行動につながる情報が盛りだくさんです。ぜひチェックを！

コラム3 図書館に行ってみよう！

資料？　ネットで検索すればいいでしょ。ほら。

ネット資料と図書館で得られる資料は性質が違います。
まずは実際に足を運び、借りてみましょう。

自分の専門に関する書籍・レポートテーマに関する書籍を探すため、❶―❺をしてみましょう。

❶ 図書館に行く
❷ 検索PCを使ってキーワードを入れてどこに本があるか確認する。本のある棚に行く
❸ 希望の本を手に取って目次と参考文献を見る
❹ 周囲の本のタイトルから興味深い本を探す
❺ 借りたくなった本を借りる

図書館へ行くメリット

　学校の図書館には、「ぜひ皆さんに読んで欲しい本」が教員からのリクエストで購入されていることもあります。また、皆さんが読んでみたい最新の専門書は学生がリクエストできたりもするので確認してみましょう。

　図書館に行って書棚に行くと、借りようと思っていた本の周囲にある本も目に入ります。借りる予定のなかった本との出会いも、図書館に行く大きなメリットです。

　書籍は、知識が一冊にまとめられています。
　しかし、❸のステップのように参考文献をチェックするとよいですね。よい本は、客観的な資料から構成されており、参考文献も豊富です。
　一方で、論文は情報が新しいという点がよいです。近年はオンラインで読める論文も多いので挑戦してみましょう。

　図書館をどんどん活用しましょう。

4 栄養ドリンク❷ 参考文献リストの書き方

> 参考文献情報？ とりあえずネット情報をコピペすればわかるでしょ。

> 個人個人が自由なルールで書くと、情報漏れがあったり、順番もバラバラになったりして、不正確で探しにくくなってしまいます。レポートを読んだ人が正しい情報をさっと探せるように、ルールに従って書きましょう。

POINT!

参考文献は何のために書くのか確認しましょう
→ 客観的な資料をもとにレポート・論文を書いていることを示すため。
→ レポートを読んだ人が、使用した資料を探せるようにするため。

▶参考文献を書く際の注意点

❶ 資料に合わせた書き方で書く

「奥付」などを見て、どのように書くのか判断しよう。

- 「奥付」は本の後ろのほうにある、本についての情報が書いてあるページです。レポートの参考文献リストを書くときは、まずここを確認しましょう。

❷ 並べ方に注意する

レポートを読んだ人が探しやすいように一定の法則を守って書く。

A. 本文の引用箇所の右肩に、通し番号を「 1)」のように記入し、**レポートに使った順**に書く

例
1) 村本邦子. 災厄を生きる 物語と土地の力――東日本大震災からコロナ禍まで, 国書刊行会, 2022, 304p.
2) 小金信二. "バイオマス発電による地域活性化の可能性". エネルギー研究. 2020, Vol. 54, No. 9, p. 246-250.
3) 環境庁."放射線による健康影響等に関する統一的な基礎資料（令和4年度版）". 環境庁.2023. https://www.env.go.jp/chemi/rhm/r4kisoshiryo/r4kisoshiryohtml.html, (参照 2024-07-10).
4) 資源エネルギー庁. 日本のエネルギー 2023年度版「エネルギーの今を知る10の質問」. 経済産業省, 2024.

B. 著者を「**アルファベット順**」または「**あいうえお順**」に並べる

例
環境庁."放射線による健康影響等に関する統一的な基礎資料（令和4年度版）". 環境庁.2023. https://www.env.go.jp/chemi/rhm/r4kisoshiryo/r4kisoshiryohtml.html, (参照 2024-07-10).
小金信二. "バイオマス発電による地域活性化の可能性". エネルギー研究. 2020, Vol. 54, No. 9, p.246-250.
村本邦子. 災厄を生きる 物語と土地の力――東日本大震災からコロナ禍まで, 国書刊行会, 2022.
資源エネルギー庁. 日本のエネルギー 2023年度版「エネルギーの今を知る10の質問」. 経済産業省, 2024.

参考文献の書き方はさまざまな方法があります。自分の専門分野の書き方や、論文を載せる雑誌の投稿規定を確認しましょう。

▋単行本

> **書き方1** 著者名. 書名. 版表示〔初版は不要〕, 出版者, 出版年, 総ページ数.
>
> **書き方2** 著者名（出版年）『書名』出版者　　　　　　　　　　　**発行年は西暦** ┠

> **書き方1** 村本邦子. 災厄を生きる 物語と土地の力——東日本大震災からコロナ禍まで, 国書刊行会, 2022, 304p.
>
> **書き方2** 村本邦子（2022）『災厄を生きる 物語と土地の力——東日本大震災からコロナ禍まで』, 国書刊行会

数字・アルファベットは半角に統一

▋論文（雑誌）

> **書き方1** 著者名. 論文名. 誌名. 出版年, 巻数, 号数, はじめのページ-おわりのページ.
>
> **書き方2** 著者名（出版年）「題名」『雑誌名』巻数（号数）, はじめのページ-おわりのページ
>
> ⚠ 「雑誌」とは、同じタイトルで定期的に出版されるため、雑誌の巻号をきちんと示す必要があります。その論文や記事がどの雑誌の中の何ページから何ページに載っているかを明記しましょう。

> **書き方1** 小金信二. "バイオマス発電による地域活性化の可能性". エネルギー研究. 2020, Vol. 54, No. 9, p. 246-250.
>
> **書き方2** 小金信二（2020）「バイオマス発電による地域活性化の可能性」『エネルギー研究』54（9）, 246-250.

▋Web

> **書き方1** 著者名. "ウェブページの題名". ウェブサイトの名称. 更新日付. 入手先,（入手日付）.
>
> **書き方2** 著者名（更新日付）「ウェブページの題名」入手先（入手日付）
>
> ⚠ 公的な機関のページが望ましい。Webページは削除される可能性があるので印刷して保存しておきましょう。情報は更新・削除されることが多いため「入手日付」を書いておいてください。

> **書き方1** 環境庁. "放射線による健康影響等に関する統一的な基礎資料（令和4年度版）". 環境庁. 2023. https://www.env.go.jp/chemi/rhm/r4kisoshiryo/r4kisoshiryohtml.html,（参照 2024-07-10）.
>
> **書き方2** 環境庁（2023）「放射線による健康影響等に関する統一的な基礎資料（令和4年度版）」https://www.env.go.jp/chemi/rhm/r4kisoshiryo/r4kisoshiryohtml.html,（参照 2024-07-10）.

▋新聞

> **順番** 新聞社名「記事タイトル」発行年月日・朝刊／夕刊の別, ページ.
>
> ⚠ 新聞やWebは、本格的な論文の場合参考文献ではなく注に書くことも多いです。

> **例** 日本産業新聞「高級キャットフード大ヒットの要因を探る」2023年11月28日朝刊, p.3.

課題1　次の 資料1 ～ 資料8 を見て、その資料が「書籍／論文／新聞／Web」のうちどれか判断し、参考文献表記を正しく書いてください。

STEP 1　この資料は「書籍」「論文」「新聞」「Web」のどれか判断する STEP 2　p.112で、その資料にあった書き方をチェックしながら書く

資料1

まず、「著者名」あるいは「編者名」があるかどうかチェック！
「著者名」は本を書いた人の名前、「編者名」は書いた人が複数いて、それをまとめた人の名前です。

定本
たかが映画じゃないか

二〇二四年五月二十五日初版第一刷発行

著者　和田誠　山田宏一
発行者　佐藤今朝夫
発行所　株式会社国書刊行会
東京都板橋区志村一―十三―十五　〒174-0056
電話〇三―五九七〇―七四二一
https://www.kokusho.co.jp
印刷所　創栄図書印刷株式会社
製本所　株式会社難波製本
ISBN 978-4-336-07623-6
落丁・乱丁本はお取り替えします。

資料2

情報リテラシー学会　学会誌

情報リテラシー　2024年 第15巻 第2号

巻頭言

新たな時代の情報モラルとは？ ────── 佐藤　誠（関東大学）

「 ➡ 」の文献を書いてください

研究論文

世界の情報リテラシーとの比較に見る日本のICT教育 ── 田中　剛（出雲女子大学）
　　　　　　　　　　　　　　　　　　　　　　　　　加藤大輔（加賀大学大学院）
ソーシャルメディア利用に関する諸問題 ──────── 高橋　淳（陸奥短期大学）
発達段階に応じた情報モラル教育 ─────────── 伊藤竜也（出羽学院大学）
　　　　　　　　　　　　　　　　　　　　　　　　　渡辺香織（若狭情報大学）
児童生徒の携帯型情報端末の所有率と新たな課題 ──── 山本美穂（甲信越高等学校）
　　　　　　　　　　　　　　　　　　　　　　　　　中村　愛（駿河外国語大学）

113

資料3

2023年(令和5年)8月1日　火曜日　猫猫新聞　(夕刊)

男性の育児休暇取得率が過去最高 17.13％に

厚生労働省は、7月31日に「令和4年度雇用均等基本調査」の結果を公表した。

この調査によると、育児休業取得者の割合は、女性は80・2％、男性は17・13％に上った。

男性の育児休暇所得率は、過去最高値となっているが、令和5年6月13日に閣議決定された「こども未来戦略方針」では、2025年までの目標は50％となっており、達成するための課題解決が必要である。

（厚生労働省ホームページをもとに作成）

資料4

アドルフに告ぐ 1 オリジナル版

二〇二〇年二月二十五日初版第一刷発行
二〇二四年一月二十五日初版第三刷発行

著者　手塚治虫
発行者　佐藤今朝夫
発行所　株式会社国書刊行会
〒一七四-〇〇五六　東京都板橋区志村一-十三-十五
電話〇三-五九七〇-七四二一　ファックス〇三-五九七〇-七四二七
https://www.kokusho.co.jp
印刷所　株式会社シーフォース
製本所　株式会社ブックアート

資料5

〈標本〉の発見
科博コレクションから

2023年11月25日　初版第1刷発行

編著者
国立科学博物館

発行者
佐藤今朝夫

発行所
株式会社国書刊行会
〒174-0056 東京都板橋区志村 1-13-15
tel 03-5970-7421　fax 03-5970-7427
https://www.kokusho.co.jp

印刷所
吉原印刷株式会社

製本所
株式会社難波製本

AD
三木俊一

デザイン
西田寧々（文京図案室）

撮影
宮本英樹

編集
畠山泰英（株式会社キウイラボ）

ISBN978-4-336-07563-5
落丁・乱丁本はお取り替えいたします。

資料6

Data検索　論文・データをさがす　図書館の本をさがす　博士論文をさがす

検査結果

タイトル
我が国の食料自給率と食育の推進

タイトル別名
ワガクニノショクリョウジキュウリツトショクイクノスイシン

著者
金成　良子

書誌事項
農業ジャーナル
2024年20巻 4 号 p.7-17
農業ジャーナル社

資料7

資料8

theme collection

テーマ1	あなたの国に原発は必要？	p.118
テーマ2	自家用車は必要？	p.125
テーマ3	外国人労働者政策をさらに進めるべき？	p.133

資料はそれぞれのテーマで4つ載せています。
p.106の「資料検索の方法」を参考にして、
新たな資料を自分で探してみてもいいですね。

テーマ1 あなたの国に原発は必要？

準備運動1 データを見て話し合おう

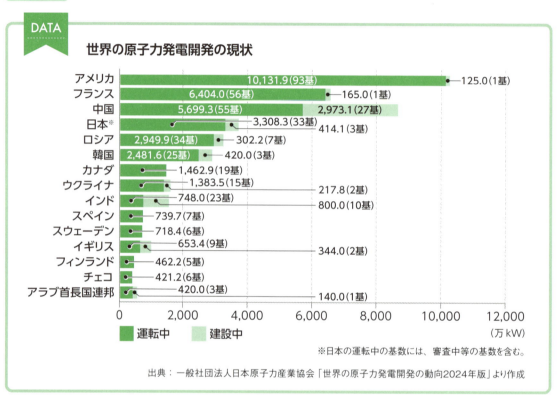

世界の原子力発電開発の現状

- アメリカ：10,131.9（93基）／125.0（1基）
- フランス：6,404.0（56基）／165.0（1基）
- 中国：5,699.3（55基）／2,973.1（27基）
- 日本※：3,308.3（33基）／414.1（3基）
- ロシア：2,949.9（34基）／302.2（7基）
- 韓国：2,481.6（25基）／420.0（3基）
- カナダ：1,462.9（19基）
- ウクライナ：1,383.5（15基）
- インド：748.0（23基）／217.8（2基）／800.0（10基）
- スペイン：739.7（7基）
- スウェーデン：718.4（6基）
- イギリス：653.4（9基）／344.0（2基）
- フィンランド：462.2（5基）
- チェコ：421.2（6基）
- アラブ首長国連邦：420.0（3基）／140.0（1基）

（万kW）

■ 運転中　■ 建設中

※日本の運転中の基数には、審査中等の基数を含む。

出典：一般社団法人日本原子力産業協会「世界の原子力発電開発の動向2024年版」より作成

? あなたは自分の国に原子力発電所が何基あるか知っていますか。
最新の公的な機関のウェブサイトを見て調べてみましょう。

? 原子力発電所を建設する国はどのようなところですか。どうしてですか。

? 電気がないと困ることをできるだけ多く書いてみましょう。

感想から一歩進んで考えよう

ワーク1 原発以外の発電方法をできるだけ多く書き出しましょう。

ワーク2 それぞれの発電方法のメリット・デメリットを考えましょう。

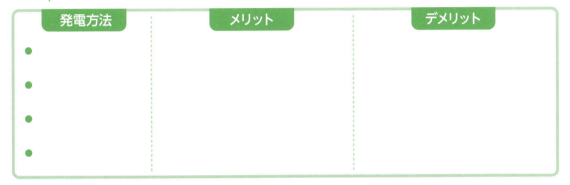

ワーク3 テーマ「あなたの国で原発を使用すべきか」
どちらの立場（主張）も考えて、その立場を選んだ理由をそれぞれ3つ以上書きましょう。

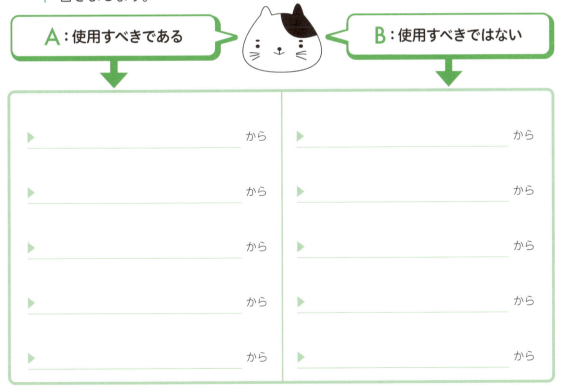

ワーク4 両方の立場についてクラスメート・教室全体でシェアしましょう。
自分で考えたときに思い付かなかったものは下にメモしておきましょう。

ワーク5 どちらの主張（立場）を選びましたか。p.119のAかBに◯をつけ理由を書きましょう。

ワーク6 あなたの主張でレポートを書こうと思ったらどのような資料がありますか。
自分で考えて下に書いたあと、クラスメートとも話し合ってみましょう。

課題 データブックを読み、「資料整理シート」に整理しましょう。
「データブックを読む前に……」（p.14）も再度チェックしましょう。

準備運動 2 データブック：資料を読んで考えよう

資料1

立場（　　　　　　　　　　　　　　　　　　　　　　　　）

次の国のエネルギー自給率を調べて書きこみましょう。
表に自分の出身地がない人は調べましょう。

日本	韓国	中国	ベトナム
％	％	％	％
アメリカ合衆国	ノルウェー	フランス	出身地（　　　）
％	％	％	％

メモ：調べたページ・出典を書いておきましょう。

[　　　　　　　　　　　　　　　　　　　　　　　　　　　　　　　　　　　　　　]

各国の電力発電量

国（地域）	発電量 (100万kWh)						
	総計	火力	水力	原子力	風力	太陽光	その他
日本	1,017,778	783,522	87,548	38,752	8,970	79,087	19,900
韓国	578,595	386,067	7,148	160,184	3,151	17,967	4,077
中国	7,779,060	5,330,250	1,355,210	366,250	466,470	260,857	23
ベトナム	240,543	156,672	73,461	—	976	9,434	—
アメリカ合衆国	4,260,044	2,643,838	308,213	823,150	341,818	119,329	23,696
ノルウェー	154,255	2,436	141,593	—	9,911	27	289
フランス	531,762	57,031	66,532	353,833	39,792	13,398	1,176

出典：総務省統計局（2024）「世界の統計 2024」より作成

| 資料2 | 立場（　　　　　　　　　　　　　　　　　　　　　）|

原子力人材の育成・確保に関する現状認識

　原子力産業界の従事者数は全体で約80,000名以上にのぼります。しかしながら、原子力利用を取り巻く環境変化や世代交代等の要因により原子力関連人材の確保、育成が難しくなっています。

　大学での原子力分野の教育においては、原子力を冠する学科数が減少し、大学及び大学院の学生数は、1994年度をピークに減少し、2008年度には500人を割り込んでいました。近年はわずかに増加し、750人程度の横ばいで推移しています。また、原子力関連企業の合同企業説明会への参加者数は東電福島第一原発事故後に減少したままです。特に、原子力発電を行う上で必要な運転や設計・制御技術等の技術維持に重要な工学系人材の参加者数が顕著に減少しています。さらに、事故後、電気事業者の原子力部門の希望者数は減少する一方で、離職者の増加傾向が続いています。

　就業後の原子力人材については、現場経験を含む業務を通じた人材育成が重要です。東電福島第一原発事故後、多くの原子炉が停止したことで現場での技術伝承の機会が少なくなり、原子力技術者の高齢化が進んでいます。一般社団法人日本原子力産業協会が原子力発電に係る企業を対象に行った調査では、原子力発電所の運転停止に伴う影響として「技術力の維持・継承」を選択する割合が50％を超えており、年々増加しています。

　原子力発電所の建設・運転・廃炉に至るまでに必要な技術は多岐にわたります。廃止措置等を含め原子力関係事業が存在する限り、これらの技術を担う優秀な人材を継続的に育成・確保していく必要があります。

出典：原子力委員会（2018）「平成29年度版原子力白書」より（図、注番号省略）

資料3　立場（　　　　　　　　　　　　　　　　　）

核のごみ「日本に適地ない」　専門家ら「処分 抜本見直しを」

　原発の使用済み核燃料から出る高レベル放射性廃棄物（核のごみ）の処分地選びをめぐり、地球科学の専門家有志が30日、「日本に適地はない」とする声明を公表した。地殻変動の激しい日本では、廃棄物を10万年にわたって地下に閉じ込められる場所を選ぶのは不可能と指摘。処分の抜本的な見直しを求めた。

　声明には日本地質学会の会長経験者を含む研究者、教育関係者ら300人あまりが名を連ねた。核のごみの処分手続きを定めた最終処分法は地下への「地層処分」ができる前提で2000年に成立した。

　声明は「日本列島は複数のプレートが収束する火山・地震の活発な変動帯」と指摘し、10万年にわたり影響を受けない場所を選ぶのは「現状では不可能」と主張。最終処分法を廃止し、地上での暫定保管も含め、第三者機関を設けて再検討するよう求めている。（後略）

出典：「朝日新聞」2023年10月31日朝刊

以下のホームページには様々な資料があります。自分で調べてみましょう。

テーマ1
- 電気事業連合会　https://www.fepc.or.jp
- エネ百科　https://www.ene100.jp

テーマ2
- JAMA　一般社団法人日本自動車工業会　https://www.jama.or.jp

資料4　立場（　　　　　　　　　　　　　　　　）

均等化発電原価（LCOE）は、標準的な発電所を立地条件等を考慮せずに新規に建設し所定期間運用した場合の「総発電コスト」の試算値。制作支援を前提に達成するべき性能や価格目標とも一致しない。

2020年の電源別発電コスト試算の結果概要

電源	石炭火力	LNG火力	原子力	石油火力	陸上風力	洋上風力	太陽光（事業用）	太陽光（住宅）
発電コスト（円／kWh）※（ ）内は政策経費なしの値	12.5 (12.5)	10.7 (10.7)	11.5〜 (10.2〜)	26.7 (26.5)	19.8 (14.6)	30.0 (21.1)	12.9 (12.0)	17.7 (17.1)
設備利用率 稼働年数	70% 40年	70% 40年	70% 40年	30% 40年	25.4% 25年	30% 25年	17.2% 25年	13.8% 25年

2030年の電源別発電コスト試算の結果概要

電源	石炭火力	LNG火力	原子力	石油火力	陸上風力	洋上風力	太陽光（事業用）	太陽光（住宅）
発電コスト（円／kWh）※（ ）内は政策経費なしの値	13.6〜22.4 (13.5〜22.3)	10.7〜14.3 (10.6〜14.2)	11.7〜 (10.2〜)	24.9〜27.6 (24.8〜27.5)	9.8〜17.2 (8.3〜13.6)	25.9 (18.2)	8.2〜11.8 (7.8〜11.1)	8.7〜14.9 (8.5〜14.6)
設備利用率 稼働年数	70% 40年	70% 40年	70% 40年	30% 40年	25.4% 25年	33.2% 25年	17.2% 25年	13.8% 25年

（注1）表の値は、今回検証で扱った複数の試算値のうち、上限と下限を表示。将来の燃料価格、CO_2対策費、太陽光・風力の導入拡大に伴う機器価格低下などをどう見込むかにより、幅を持った試算としている。例えば、太陽光の場合「2030年に、太陽光パネルの世界の価格水準が著しく低下し、かつ、太陽光パネルの国内価格が世界水準に追いつくほど急激に低下するケース」や「太陽光パネルが劣化して発電量が下がるケース」といった野心的な前提を置いた試算値を含む。

出典：経済産業省（2021）「基本政策分科会に対する発電コスト検証に関する報告令和3年9月　発電コスト検証ワーキンググループ」より作成

テーマ2 自家用車は必要？

準備運動1 データを見て話し合おう

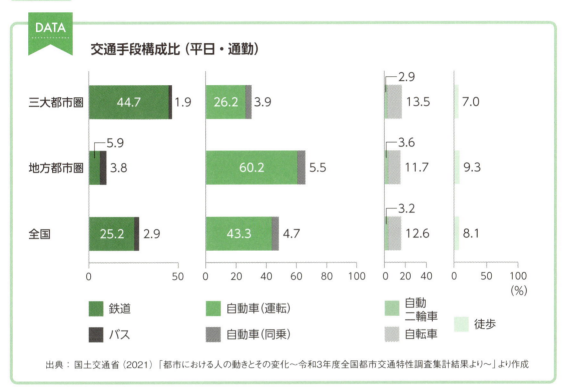

交通手段構成比（平日・通勤）

出典：国土交通省（2021）「都市における人の動きとその変化〜令和3年度全国都市交通特性調査集計結果より〜」より作成

? 資料からどのようなことが読み取れますか。自由に書いてみましょう。

? あなたの街（今住んでいるところ・出身地）の交通事情はどうですか。

? 移動手段には自家用車の他にどんな方法がありますか。

感想から一歩進んで考えよう

ワーク1 それぞれの移動手段のメリット・デメリットを考えましょう。

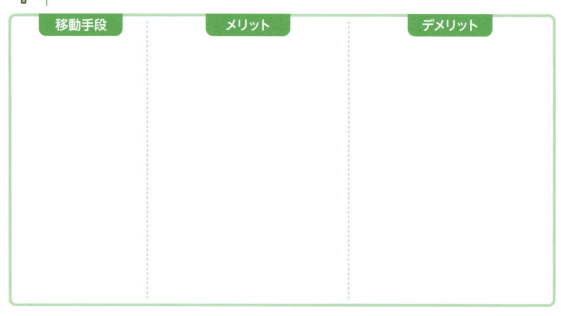

ワーク2 テーマ「自家用車を持つべきか、持つべきではないか」
どちらの立場（主張）も考えて、その立場を選ぶ理由をそれぞれ3つ以上書きましょう。

ワーク 3 両方の立場についてクラスメート・教室全体でシェアしましょう。
自分で考えたときに思い付かなかったものは下にメモしておきましょう。

ワーク 4 どちらの主張（立場）を選びましたか。p.126のAかBに〇をつけて理由を書きましょう。

ワーク 5 あなたの主張でレポートを書こうと思ったらどのような資料がありますか。
自分で考えて下に書いたあと、クラスメートとも話し合ってみましょう。

課題 データブックを読み、「資料整理シート」に整理しましょう。
「データブックを読む前に……」（p.14）も再度チェックしましょう。

準備運動 2　データブック： 資料を読んで考えよう

資料1　立場（　　　　　　　　　　　　）

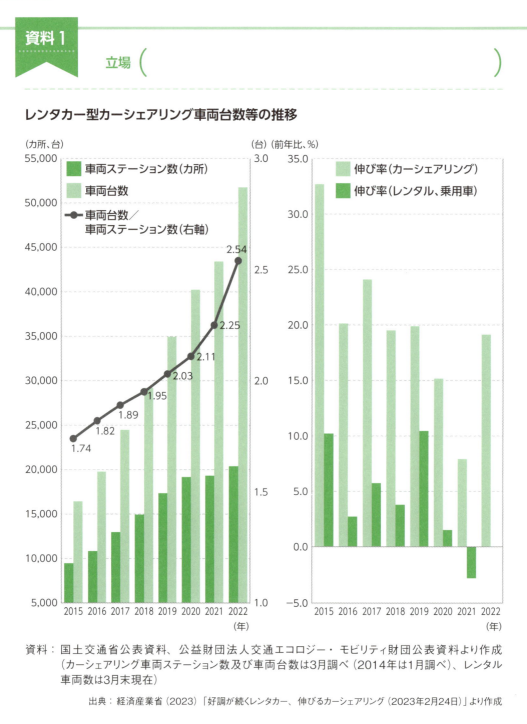

レンタカー型カーシェアリング車両台数等の推移

資料：国土交通省公表資料、公益財団法人交通エコロジー・モビリティ財団公表資料より作成（カーシェアリング車両ステーション数及び車両台数は3月調べ（2014年は1月調べ）、レンタル車両数は3月末現在）

出典：経済産業省（2023）「好調が続くレンタカー、伸びるカーシェアリング（2023年2月24日）」より作成

資料2　立場（　　　　　　　　　　）

品目別出荷額の割合（2020年）

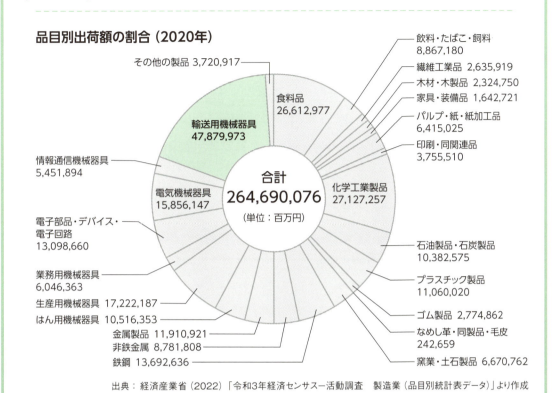

出典：経済産業省（2022）「令和3年経済センサス―活動調査　製造業（品目別統計表データ）」より作成

主要商品別輸出　令和五年度分

原料別製品＝鉄鋼、ゴム製品など
電気機器＝半導体等電子部品、音響・映像機器など
輸送用機器＝自動車、二輪自動車など

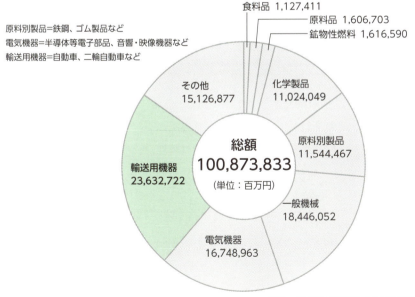

出典：財務省（2024）「令和5年度分貿易統計」より作成

資料3

立場（　　　　　　　　　　　　　　）

マイカー　地域の足に　公共交通なく「助け合い」
全国で拡大　「自動」も活用

　バスやタクシーなど公共交通機関の空白地域で、高齢者らの外出を手助けするため、住民たちがマイカーなどで送迎する取り組みが広がっている。高齢化が進む地域では、運転免許証を自主返納する人も多い。将来を見すえて、「自動運転」のサービスに乗り出す村も出てきた。

病院やスーパーへ

　秋田県のほぼ中央の山間部に位置する人口約2100人の上小阿仁村。少子高齢化が進む同県の中でも最も高齢化率が高く、65歳以上が半数を占める。年金暮らしでマイカーを持たない世帯も目立つ。

　「村内にタクシー会社はなく、助け合いの精神が大事となります」と、NPO法人「上小阿仁村移送サービス協会」事務局のAさん（73）は言う。

　同協会は、主婦や元タクシー運転手、農家などの村民にドライバーになってもらい、マイカーで高齢者らを村外の病院やスーパーに送迎するサービスを実施している。入会金200円、年会費800円で、行き先ごとに定額の利用料を設定。2005年12月からスタートし、20年の利用者数は延べ404人だった。

　さらに19年11月からは、同協会が主体となり、全国で初めて自動運転サービスの本格運用を開始した。7人乗りの自動運転車が、路面に埋設された電磁誘導線に沿って時速約12キロで走行。運賃200円で村役場や郵便局などを結ぶ3ルートがあり、21年10月には延べ228人が利用した。

　Aさんは「雪道でも順調に運行しており、高齢の村の日常生活に欠かせない存在になっている」と話す。

法改正

　タクシーやバスのように有料で客を輸送する車両を運転する場合、第2種運転免許が必要だが、06年の道路運送法の改正で、▽過疎地などの移動手段を確保する交通空白地輸送▽障害者らを対象にした福祉輸送——であれば、国に登録すれば2種免許がなくても有償で送迎できる制度が導入された。

　国土交通省によると、交通空白地輸送の登録は635団体、福祉輸送の登録は2502

団体（いずれも21年３月末時点）に上る。

都内でも

　過疎地だけでなく、都市部でも送迎サービスのニーズは高い。人口約15万人の東京都武蔵野市は、2000年から住民同士の送迎サービスを実施している。地元の米穀店主が、配達先の高齢者らから「近くまで乗せてほしい」とたびたび依頼され、市に提案したのがきっかけだった。

　黄色いワンボックスカーを使うことから、「レモンキャブ」の愛称で親しまれている。小型車で小回りが利くため、住宅地の狭い道路にも入ることができ、ドア・ツー・ドアのサービスを提供できるのが特徴。利用料は30分ごとに800円で、運転免許のない高齢者や障害者ら914人が会員登録しており、今年度は12月末までに１万1472件の利用があった。

　商店主や主婦ら43人がドライバーを務め、市所有の車両９台の管理も行っている。ドライバーの１人で、同市で生まれ育った主婦Bさん（47）は「お世話になった地元で頼りにされ、恩返しすることができるのはうれしい」と話している。

利用者負担なら許可不要

　ガソリン代などの費用を利用者が負担したり、家事なども含む生活支援の一環で行われる輸送であれば、許可・登録は不要とされており、この枠組みでのサービスも普及しつつある。

　香川県丸亀市綾歌町の岡田地区では2019年から、１回100円で送迎を実施。現在は約15人のボランティアが、高齢者ら約60人の買い物や行事参加を手助けしている。大津市葛川地区でも同年、地域で車１台を共有し、ボランティアの住民が送迎する「コミュニティ・カーシェアリング」が始まっている。

　国交省の調査研究機関「国土交通政策研究所」によると、こうした許可・登録を要しない輸送を行う団体は18年末時点で全国で少なくとも153団体。NPO法人「全国移動サービスネットワーク」（東京）は「現在はその２～３倍に広がっている」としている。

出典：「読売新聞」2022年１月19日夕刊

資料4 立場（　　　　　　　　　　　　　　　　　　）

運輸部門における二酸化炭素排出量

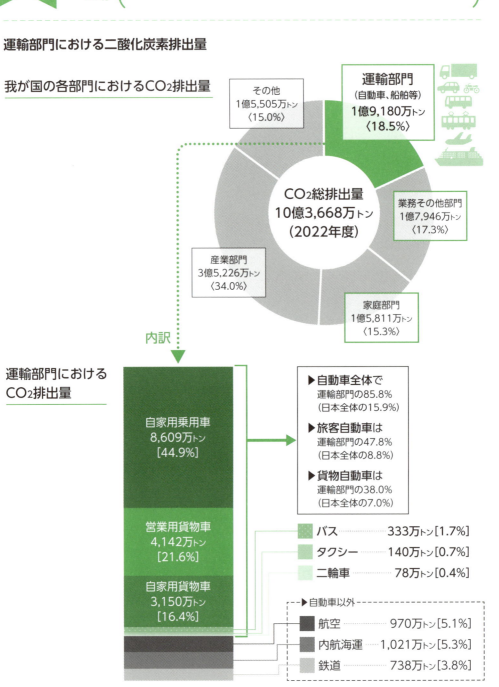

※端数処理の関係上、合計の数値が一致しない場合がある。
※電気事業者の発電に伴う排出量、熱供給事業者の熱発生に伴う排出量は、それぞれの消費量に応じて最終需要部門に配分。
※温室効果ガスインベントリオフィス「日本の温室効果ガス排出量データ（1990〜2022年度）確報値」より国交省環境政策課作成。
※二輪車は2015年度確報値までは「業務その他部門」に含まれていたが、2016年度確報値から独立項目として運輸部門に算定。

出典：国土交通省（2024）「運輸部門における二酸化炭素排出量」より作成

テーマ3 外国人労働者政策をさらに進めるべき？

準備運動 1　データを見て話し合おう

図表1-1-6　外国人労働者の推移

年	人数
2008	486,398
2009	562,818
2010	649,982
2011	686,246
2012	682,450
2013	717,504
2014	787,627
2015	907,896
2016	1,083,769
2017	1,278,670
2018	1,460,463
2019	1,658,804

資料：厚生労働省職業安定局「外国人雇用状況の届出状況」（各年10月末現在）

出典：厚生労働省（2020）「令和2年版　厚生労働白書」より作成

❓ なぜこのような変化が生じたと思いますか。このような変化が生じた理由について、考えたことを自由に書いてみましょう。

❓ 外国人労働者にはどのような立場の人がいると思いますか。

❓ 自分が関連する地域の状況について思い出したり、調べたりして書いてみましょう。

感想から一歩進んで考えよう

ワーク 1 外国人労働者を推進した際に発生するよい点と心配な点を思いつく限り書きましょう。例：「多様な価値観が日本社会に浸透する」（推進すべき：よい点）

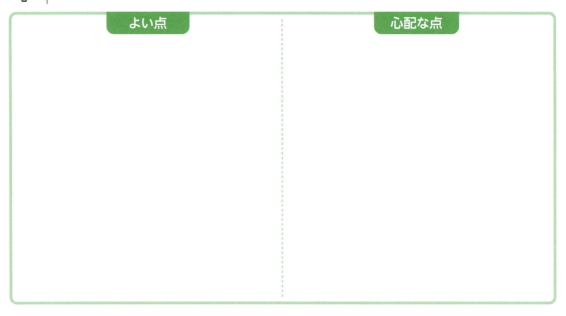

よい点	心配な点

ワーク 2 テーマ「今以上に外国人労働者政策を推進すべきか」
どちらの立場（主張）も考えて、その立場を選んだ理由をそれぞれ3つ以上書きましょう。

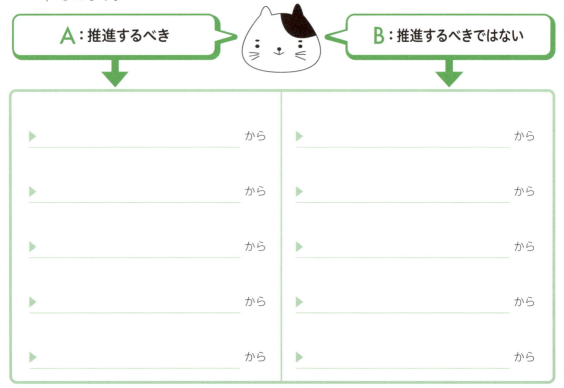

A：推進するべき / B：推進するべきではない

A	B
▶ ___ から	▶ ___ から
▶ ___ から	▶ ___ から
▶ ___ から	▶ ___ から
▶ ___ から	▶ ___ から
▶ ___ から	▶ ___ から

ワーク 3 両方の立場についてクラスメート・教室全体でシェアしましょう。
自分で考えたときに思い付かなかったものは下にメモしておきましょう。

ワーク 4 どちらの主張（立場）を選びましたか。p.134のAかBに○をつけて理由を書きましょう。

ワーク 5 あなたの主張でレポートを書こうと思ったらどのような資料がありますか。
自分で考えて下に書いたあと、クラスメートとも話し合ってみましょう。

課題 データブックを読み、「資料整理シート」に整理しましょう。
「データブックを読む前に……」（p.14）も再度チェックしましょう。

135

データブック： 資料を読んで考えよう

資料 1　　　　立場（　　　　　　　　　　　　　　　　　　　　　　）

労働者の過不足の状況―労働経済動向調査結果から―

　厚生労働省から2023年6月23日に労働経済動向調査令和5年5月の結果が公表された。この中から労働者の過不足の状況についての結果を紹介する。

　同調査では、労働者の過不足の状況について「労働者過不足判断D.I.」という指標を作成している。「D.I.」とはDiffusion Indexの略で、変化の方向性を表す指標である。具体的には、調査時点（5月調査の場合調査年の5月1日現在）の状況で、労働者数について「不足（やや不足、おおいに不足）」と回答した事業所の割合から「過剰（やや過剰、おおいに過剰）」と回答した事業所の割合を差し引いた値である。つまり、労働者過不足判断D.I.がプラスであれば、人手不足と感じている事業所が多いことを示す。また、値が大きいほど事業所の人手不足感が高いことになる。

　まず、調査産業計についてみると、正社員等（注1）労働者の労働者過不足判断D.I.は+44ポイント、パートタイム労働者（注2）は+28ポイントといずれも不足超過となっている。時系列でみると、正社員等労働者は2011年8月調査以降48期連続で、パートタイム労働者は2009年11月調査以降55期連続で、それぞれ不足超過となっており、人手不足が続いている（**図1**）。

図1　労働者過不足判断D.I.の推移（調査産業計）

次に、2023年5月について、産業別の結果をみると、正社員等労働者、パートタイム労働者ともにすべての産業で不足超過となっている。正社員等労働者では「運輸業、郵便業」で+58ポイントと最も高く、次いで「建設業」で+55ポイント、「医療、福祉」で+54ポイントなどとなっている。パートタイム労働者では「宿泊業、飲食サービス業」で+56ポイントと最も高く、「生活関連サービス業、娯楽業」（+46ポイント）、「サービス業（他に分類されないもの）」（+43ポイント）などがこれに次いでいる（**図2**）。

図2　産業別にみた労働者過不足判断D.I.（2023年5月）

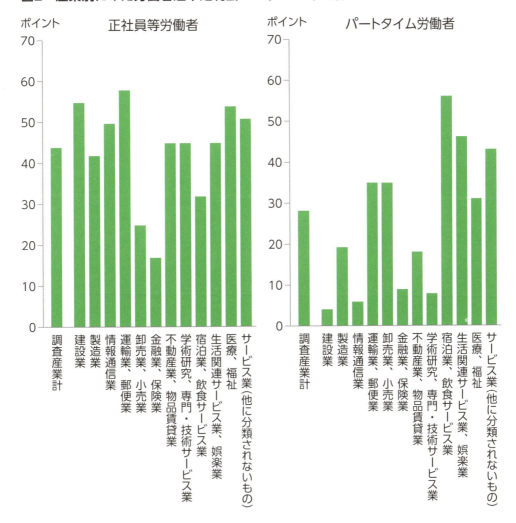

[注1]　雇用期間を定めないで雇用されている者又は1年以上の期間の雇用契約を結んで雇用されている者。パートタイムは除く。派遣労働者（労働者派遣法に基づいて他社（派遣元事業所）から当該事業所に派遣されている者）は含まない。
[注2]　1日の所定労働時間又は1週間の所定労働日数が当該事業所の正社員のそれより短い者。

出典：独立行政法人労働政策研究・研修機構（2023）「ビジネス・レーバー・トレンド2023年8・9月号」より作成

資料2

立場（　　　　　　　　　　　　　　　　　　　　　　　）

高度外国人材の不満・要望「改善すべき」及び「どちらかと言えば改善すべき」の割合

自身の専門性を生かせる部門への配置・異動	29.6%
メンター制度をはじめ各種相談体制の充実度	27.4%
キャリアアップできる環境になっているか	40.0%
ワーク・ライフ・バランスの達成のしやすさ	31.1%
テレワークなどの柔軟な働き方	39.6%
英語などでも働ける就労環境の整備	42.8%
昇給のための基準の明確化	36.6%
ICTの活用など業務の効率化	31.4%
能力・業績に応じた報酬	39.7%
仕事の内容の明確化（ジョブディスクリプションの整備）	34.1%

生活環境で改善・充実してほしい事柄

住宅に関する支援	46.4%
社会保障制度	35.2%
在留手続きに関する支援	33.8%
行政サービスの多言語化	22.2%
インターナショナルスクールなどの母国語による教育機関	20.5%
母国語で通える病院	20.1%
通勤のための交通手段	13.8%
母国語で通える保育園	12.0%
銀行口座の開設に関する支援	10.8%
母国の宗教や食文化に関する理解	8.30%

出典：厚生労働省（2018）「高度外国人材にとって魅力ある就労環境を整備するために　雇用管理改善に役立つ好事例集」より作成

資料3

立場（   ）

日本語指導が必要な高校生等の中退・進路状況（令和2年度中）

進路状況

① 進学率

	進学率	
	令和3年度	平成30年度
日本語指導が必要な高校生等	51.8%	42.2%
全高校生等	73.4%	71.1%

② 就職者における非正規就職率

	就職者における非正規就職率	
	令和3年度	平成30年度
日本語指導が必要な高校生等 （全日制・定時制・通信制高校及び中等教育学校後期課程のみ）	39.0%	40.0%
全高校生等 （全日制・定時制高校及び中等教育学校後期課程のみ）	3.3%	4.3%

③ 進学も就職もしていない者の率

	進学も就職もしていない者の率	
	令和3年度	平成30年度
日本語指導が必要な高校生等	13.5%	18.2%
全高校生等	6.4%	6.7%

出典：文部科学省（2022）「日本語指導が必要な児童生徒の受入状況等に関する調査結果について」より作成

資料4 立場（　　　　　　　　　　　　　　　　）

日本企業の海外展開開始による効果（5年後の成長率）

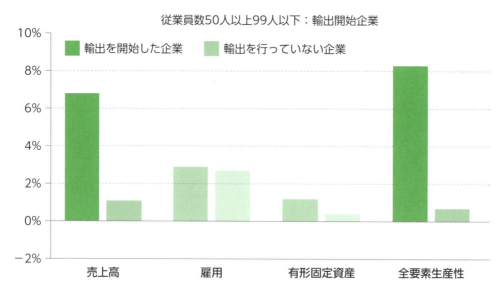

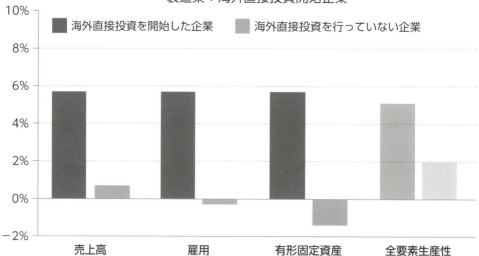

備考：傾向スコアマッチングを用いて、雇用者数、売上高、資本ストック額、全要素生産性、国内子会社数、年度、業種、規模等から算出したある年度に輸出・海外直接投資を開始する確率が近しい企業のうち、実際に輸出・海外直接投資を開始した企業と輸出・海外直接投資を開始しなかった企業をマッチングし、輸出・海外直接投資開始の1年前からの雇用者数、売上高、資本ストック額、全要素生産性、一人当たり雇用者報酬について差の差分析を実施した結果。棒グラフはそれぞれのグループの平均値を取ったもの。5％水準での統計的有意性が見られなかった項目については透明度を高めて図示。

資料：経済産業省「企業活動基本調査」、「海外事業活動基本調査」から作成。

出典：経済産業省（2023）「通商白書2023」より作成

appendix

付 録

レポート執筆のためのシート

▶論証シート　▶結論シート　▶序論シート

▶資料まとめシート　▶評価表 例①・例②

論証シート

 覚えていますか？ 3つ のステップ！

1. ❶根拠（理由）を一文で書く

2. 資料内容を説明する
   ❷リード で要点＋❸具体記述 で具体的に説明

3. 資料からわかったことをまとめ（❹まとめ文）、自分の ❺考察 を書く

p.43で❶〜❺の表現を確認しながら書きましょう

❶ 根拠（理由）
❷ リード
❸ 具体記述
❹ まとめ文
❺ 考察

主張

1点目は、

２点目は、

３点目は、

結論シート

 覚えていますか？ 3つ のステップ！

1. 本レポートで何を行ったか
   立場の再確認 と、 目的と方法のまとめ を書く

2. 論証のふりかえり
   3つの論点をふりかえり ながら、それを選ぶことによる メリット を述べる

3. 今後の課題と展望
   少し先の未来について考えた文を入れるとよい

> 結論は今まで書いてきた内容を振り返り、その内容をまとめ、わかったことを書きます。

p.59の表現を確認しながら書きましょう

主張	

メモ

論証 ①

論証 ②

論証 ③

序論シート

 覚えていますか？ 3つ のステップ！

1. **出だし** の話題でテーマの背景を示し、読み手をひきつける
   論証にうまくつながっていくような話題を提供する

2. 出だしと主張の関係性を考えて **問題提起** を書く

3. **主張** で自分の最も言いたいことを簡潔に示す
   問題提起を書いたら、出だしから主張まで通して読み、論理の矛盾がないか確認する

出だしの話題は、論証❶〜❸で使った話題とは違うものにしましょう。

p.62の表現を確認しながら書きましょう

評価表　例❶

構成	項目	配点	採点結果	
序論				
出だし	▶テーマの背景説明・興味を引く話題提供が十分にできているか 5. 非常に優れている　4. 優れている　3. できている 2. やや不十分である　1. 適切とは言えない　0. 書かれていない	5		
	▶資料が使われているか 2. 適切な資料が使われている　1. 使われている　0. 資料がない	2		
問題提起	▶出だしと主張の関係性を考えて、問題提起ができているか 2. 適切にできている　1. できている　0. できていない	2		
	▶このレポートで何を行うか書かれているか 1. 書かれている　0. 書かれていない	1		
主張	▶自分の主張を簡潔に示しているか 2. できている　1. 一部不備がある　0. 書かれていない	2		
序論の流れ	▶序論全体のつながりが自然で、スムーズに読むことができるか 3. 自然である　2. 少し引っかかる部分がある 1. 流れが不自然な部分が多い　0. 不自然である/文がない	3		
		15		

構成	項目	配点	論証❶	論証❷	論証❸
論証					
❶ 根拠	▶主張を支持する根拠を簡潔かつ的確に述べているか 3. 根拠として簡潔かつ的確である　2. 根拠として少し弱い 1. 根拠として適切とは言えない　0. 書かれていない	3×3			
	▶根拠の表現が正しく使えているか 1. 正しく使えている　0. 正しく使えていない	1×3			
❷ リード	▶内容のわかりやすさ（数値を使わない） 2. わかりやすく要点がまとめられている　1. 少しわかりにくい 0. わからない／書かれていない	2×3			
	▶リードの表現を使い、資料情報を提示しているか 2. できている　1. 不備がある　0. 書かれていない	2×3			
❸ 具体記述	▶資料内容が読み手にわかりやすく伝わるか ▶根拠を支える内容について十分に説明できているか 5. 非常に優れている　4. 優れている　3. できている 2. やや不十分である　1. 不十分である/1文しかない　0. 具体記述がない	5×3			
	▶引用表現が正しく使えているか 3. 正しく使えている　2. 正しく使えていない部分がある 1. ほぼ使えていない　0. 使えていない	3×3			
❹ まとめ文	▶解釈の正しさ、的確さ 2. 資料からわかることが的確に説明できている 1. 資料のまとめとして少しずれがある　0. 不適切である／書かれていない	2×3			
	▶まとめの表現が使えているか 2. 正しく使えている　1. 正しく使えていない部分がある　0. 使えていない	2×3			
❺ 考察	▶根拠を支持する内容について自分の意見をわかりやすく、十分に説明できているか 5. 非常に優れている　4. 優れている　3. できている 2. 弱い／2文しかない　1. 非常に弱い／1文しかない　0. 考察がない	5×3			

構成	項目	配点	採点結果		
❺ 考察	▶資料の解釈や論理的考察が、独創性を持って書かれているか 4. 優れている　3. できている　2. やや弱い 1. 弱い/1文しかない　0. 考察がない	4×3			
資料	▶根拠を支持する信頼性の高い適切な資料が探せたか 4. 根拠を支える資料として適切な資料が工夫して使えている 3. 適切な資料が使えている　2. 資料が使えているが弱い 1. 適切ではない資料が使われている　0. 資料がない	4×3			
論理性	▶根拠を証明できる資料を使い、論理的に説明できているか ▶異なる観点から考え、バランスの取れた論証構成で書けているか 4. 非常に優れている　3. 優れている　2. できている 1. 説得力が弱い　0. 説得力がない	4×3			
	37×3	111			

結論

構成	項目	配点	採点結果
立場の確認	▶自分の立場の再確認、目的と方法のまとめが示されている 3. 明確に示せている　2. 書かれているが一部不備がある 1. 書かれているが適切ではない　0. 書かれていない	3	
論証の ふりかえり	▶3つの論証要素が入っているか 3. 論証3つの要素が入っている　2. 論証2つの要素が入っている 1. 論証1つの要素が入っている　0. 論証の要素が入っていない	3	
	▶文章として成立し、自然な流れになっているか 3. よくできている　2. できている　1. 不自然である　0. できていない	3	
今後の展望	▶レポート全体のまとめとなっているか 3. 今後の課題と展望が適切に書けている 2. 書かれているが不自然さがある　1. 書かれているが適切ではない 0. 書かれていない	3	
		12	

その他

構成	項目	配点	採点結果
参考文献 リスト	▶参考文献が正しく書かれている 2. 参考文献が正しく書けている　1. 不備がある　0. 書かれていない *序論・論証1〜3（各2点）に使用した資料すべて書かれているか *並べ方に問題がある場合は−1	8	
タイトル	▶適切なタイトルが書かれている（内容に合っているか・表現） 2. 適切である　1. 不備がある 0. 自分で考えたタイトルではない/タイトルがない/未完成	2	
書式	▶指定された書式で見やすく作成できている 2. 正しい書式で書けている　1. 一部不備がある　0. 書式を守っていない	2	
		12	
計		150	

注意事項

・次の場合はその都度、該当箇所で−1点とする。
　①常体・書き言葉で書いていない　②1文が長すぎる　③文がねじれている　④文法的・語彙的に間違いがある
　⑤主語、述語、目的語等が欠落し、文の意味が不明　⑥タイプミスで意味が不明
・剽窃が見つかった場合は、本レポートは0点になる。

評価表　例❷（見出しあり）

構成	項目	配点	採点結果		
序論					
出だし	▶テーマの背景説明・興味を引く話題提供が十分にできているか 5. 非常に優れている　4. 優れている　3. できている 2. やや不十分である　1. 適切とは言えない　0. 書かれていない	5			
	▶資料が使われているか 2. 適切な資料が使われている　1. 使われている　0. 資料がない	2			
問題提起	▶出だしと主張の関係性を考えて、問題提起ができているか 2. 適切にできている　1. できている　0. できていない	2			
	▶このレポートで何を行うか書かれているか 1. 書かれている　0. 書かれていない	1			
主張	▶自分の主張を簡潔に示しているか 2. できている　1. 一部不備がある　0. 書かれていない	2			
序論の流れ	▶序論全体のつながりが自然で、スムーズに読むことができるか 2. 自然である　1. 少し引っかかる部分がある　0. 自然とは言えない	2			
		14			

構成	項目	配点	論証❶	論証❷	論証❸
論証					
❶ 根拠	▶主張を支持する根拠を簡潔かつ的確に述べているか 3. 根拠として簡潔かつ的確である　2. 根拠として少し弱い 1. 根拠として適切とは言えない　0. 書かれていない	3×3			
	▶根拠の表現が正しく使えているか 1. 正しく使えている　0. 正しく使えていない	1×3			
❷ リード	▶内容のわかりやすさ（数値を使わないで書けているか） 2. わかりやすく要点がまとめられている　1. 少しわかりにくい 0. わからない／書かれていない	2×3			
	▶リードの表現を使い、資料情報を提示しているか 2. できている　1. 不備がある　0. 書かれていない	2×3			
❸ 具体記述	▶資料内容が読み手にわかりやすく伝わるか ▶根拠を支える内容について十分に説明できているか 5. 非常に優れている　4. 優れている　3. できている 2. やや不十分である　1. 不十分である／1文しかない　0. 具体記述がない	5×3			
	▶引用表現が正しく使えているか 3. 正しく使えている　2. 正しく使えていない部分がある 1. ほぼ使えていない　0. 使えていない	3×3			
❹ まとめ文	▶解釈の正しさ、的確さ 2. 資料からわかることが的確に説明できている 1. 資料のまとめとして少しずれがある　0. 不適切である／書かれていない	2×3			
	▶まとめの表現が使えているか 2. 正しく使えている　1. 正しく使えていない部分がある 0. 使えていない	2×3			
❺ 考察	▶根拠を支持する内容について自分の意見をわかりやすく、十分に説明できているか 5. 非常に優れている　4. 優れている　3. できている 2. 弱い／2文しかない　1. 非常に弱い／1文しかない　0. 考察がない	5×3			

構成	項目	配点	採点結果		
❺ 考察	▶資料の解釈や論理的考察が、独創性を持って書かれているか 4. 優れている　3. できている　2. やや弱い 1. 弱い／1文しかない　0. 考察がない	4×3			
資料	▶根拠を支持する信頼性の高い適切な資料が探せたか 4. 根拠を支える資料として適切な資料が工夫して使えている 3. 適切な資料が使えている　2. 資料が使えているが弱い 1. 適切ではない資料が使われている　0. 資料がない	4×3			
論理性	▶根拠を証明できる資料を使い、論理的に説明できているか ▶異なる観点から考え、バランスの取れた論証構成で書けているか 4. 非常に優れている　3. 優れている　2. できている　1. 説得力が弱い 0. 説得力がない	4×3			
	37×3	111			

結論

		配点	採点結果
立場の確認	▶自分の立場の再確認、目的と方法のまとめが示されている 2. 明確に示せている　1. 書かれているが不十分な部分がある 0. 書かれていない	2	
論証の ふりかえり	▶3つの論証の要素が入っているか 3. 論証3つの要素が入っている　2. 論証2つの要素が入っている 1. 論証1つの要素が入っている　0. 論証の要素が入っていない	3	
	▶文章として成立し、自然な流れになっているか 3. よくできている　2. できている　1. 不自然である　0. できていない	3	
今後の展望	▶レポート全体のまとめとなっているか 2. 今後の課題と展望が適切に書けている 1. 書かれているが不自然さがある　0. 適切でない／書かれていない	2	
		10	

その他

		配点	採点結果		
参考文献 リスト	▶参考文献が正しく書かれている 2. 参考文献が正しく書けている　1. 不備がある　0. 書かれていない ＊序論・論証1〜3（各2点）に使用した資料すべて書かれているか ＊並べ方に問題がある場合は－1	8			
タイトル	▶適切なタイトルが書かれている（内容に合っているか・表現） 2. 適切である　1. 不備がある 0. 自分で考えたタイトルではない／タイトルがない／未完成	2			
見出し	▶適切な見出しが書かれている（内容に合っているか・表現） 1. 適切である　0.5不備がある　0. タイトルがない ＊論証該当箇所（見出し2、3、4）	3			
書式	▶指定された書式で見やすく作成できている 2. 正しい書式で書けている　1. 一部不備がある　0. 書式を守っていない	2			
		15			
計		150			

注意事項

・次の場合はその都度、該当箇所で－1点とする。
　①常体・書き言葉で書いていない　②1文が長すぎる　③文がねじれている　④文法的・語彙的に間違いがある
　⑤主語、述語、目的語等が欠落し、文の意味が不明　⑥タイプミスで意味が不明

・剽窃が見つかった場合は、本レポートは0点になる。

資料一覧

※参照日はすべて2024-07-31

p.11 　内閣府（2022）「第5回 新型コロナウイルス感染症の影響下における生活意識・行動の変化に関する調査」
https://www5.cao.go.jp/keizai2/wellbeing/covid/pdf/result5_covid.pdf

p.15 　日経MJ（流通新聞）「移住で転職」もう古い?」2022年4月15日, p.11

p.16 　文部科学省（2021）「社会教育調査　図書館調査」「社会科学調査　博物館調査」
https://www.mext.go.jp/b_menu/toukei/chousa02/shakai/index.htm

p.17 　林野庁（2004）「プレスリリース」https://www.rinya.maff.go.jp/puresu/h16-3gatu/0310sinrin.htm

p.18 　林野庁（2022）「都道府県別森林率・人工林率（令和4年3月31日現在）」
https://www.rinya.maff.go.jp/j/keikaku/genkyou/r4/1.html

p.19 　内閣府（2020）「県民経済計算（平成23年度 - 令和2年度）　1人当たり県民所得」
https://www.esri.cao.go.jp/jp/sna/data/data_list/kenmin/files/contents/main_2020.html

p.20 　こども家庭庁（2023）「保育所等関連状況取りまとめ（令和5年4月1日）」https://www.cfa.go.jp/policies/hoiku/torimatome/r5

p.22 　国土交通省北陸信越運輸局交通政策部交通企画課（2016）「平成28年度地域公共交通スタートアップセミナー　地域公共交通の現状と課題」https://wwwtb.mlit.go.jp/hokushin/hrt54/com_policy/pdf/H28startup-koutuukikaku.pdf

p.23 　国土交通省（2022）「地域公共交通計画等の作成と運用の手引き［添付資料］」
https://www.mlit.go.jp/sogoseisaku/transport/content/001480549.pdf

p.24 　文部科学省（2021）「遠隔教育システム活用ガイドブック　第3版」
https://www.mext.go.jp/content/20210601-mxt_jogai01-000010043_002.pdf

p.96 　国土交通省（2022）「国土交通省白書2022」
https://www.mlit.go.jp/hakusyo/mlit/r03/hakusho/r04/html/n1212000.html

p.98 　日本経済新聞「SNSの頻繁な利用「若者に重大なリスク」」2023年5月24日夕刊, p.3

p.100 日本経済新聞「ネットいじめ2万件超」2022年10月28日朝刊, p.43

p.118 一般社団法人日本原子力産業協会（2024）「世界の原子力発電開発の動向2024年版」, p.8

p.121 総務省統計局（2024）「世界の統計 2024」https://www.stat.go.jp/data/sekai/notes.html

p.122 原子力委員会（2018）「平成29年度版原子力白書」
https://www.aec.go.jp/jicst/NC/about/hakusho/hakusho2018/index_pdf29.htm

p.123 朝日新聞「核のごみ「日本に適地ない」」2023年10月31日朝刊, p.25

p.124 経済産業省（2021）「基本政策分科会に対する発電コスト検証に関する報告　令和3年9月　発電コスト検証ワーキンググループ」
https://www.enecho.meti.go.jp/committee/council/basic_policy_subcommittee/mitoshi/cost_wg/pdf/cost_wg_20210908_01.pdf

p.125 国土交通省都市局都市計画課都市計画調査室（2021）「都市における人の動きとその変化〜令和3年度全国都市交通特性調査集計結果より〜」https://www.mlit.go.jp/report/press/content/001711623.pdf

p.128 経済産業省（2023）「好調が続くレンタカー、伸びるカーシェアリング（2023年2月24日）」
https://www.meti.go.jp/statistics/toppage/report/minikaisetsu/hitokoto_kako/20230224hitokoto.html

p.129 経済産業省（2022）「令和3年経済センサス-活動調査　製造業（品目別統計表データ）」
https://www.stat.go.jp/data/e-census/2021/kekka/index.html

p.129 財務省（2024）「令和5年度分貿易統計」https://www.customs.go.jp/toukei/shinbun/trade-st/2023/202328g.xml

p.130 読売新聞「マイカー　地域の足に」2022年1月19日夕刊, p.9

p.132 国土交通省（2024）「運輸部門における二酸化炭素排出量」
https://www.mlit.go.jp/sogoseisaku/environment/sosei_environment_tk_000007.html

p.133 厚生労働省（2020）「令和2年版厚生労働白書」
https://www.mhlw.go.jp/stf/wp/hakusyo/kousei/19/backdata/01-01-01-06.html

p.136 独立行政法人労働政策研究・研修機構（2023）「ビジネス・レーバー・トレンド2023年8・9月号」
https://www.jil.go.jp/kokunai/blt/backnumber/2023/08_09/c_01.html

p.138 厚生労働省（2018）「高度外国人材にとって魅力ある就労環境を整備するために〜雇用管理改善に役立つ好事例集〜」
https://www.mhlw.go.jp/file/04-Houdouhappyou-11655000-Shokugyouanteikyokuhakenyukiroudoutaisakubu-Gaikokujinkoyoutaisakuka/486174.pdf

p.139 文部科学省（2022）「日本語指導が必要な児童生徒の受入状況等に関する調査結果について」
https://www.mext.go.jp/content/20230113-mxt_kyokoku-000007294_2.pdf

p.140 経済産業省（2023）「通商白書2023」https://www.meti.go.jp/report/tsuhaku2023/pdf/2-2-4.pdf

※各新聞記事は許諾を得て掲載しています。

中川祐香（なかがわ　ゆか）● 大阪産業大学工学部特任講師
藤浦五月（ふじうら　さつき）● 武蔵野大学グローバル学部准教授

造本・装幀　　梅田綾子
イラスト　　　藤浦五月

レポートの筋トレ

2024年 9月 1日　初版第1刷　発行

著　者　　中川祐香
　　　　　藤浦五月

発行者　　佐藤今朝夫
発行所　　株式会社国書刊行会
〒174-0056　東京都板橋区志村1-13-15
TEL.03-5970-7421　FAX.03-5970-7427
https://www.kokusho.co.jp
ISBN978-4-336-07648-9

落丁本・乱丁本はお取り替えいたします。
印刷　株式会社シナノパブリッシングプレス　　製本　株式会社 村上製本所